把住家打造成聚寶盆的**風水改造法**

越住越有錢

台北LV總公司、GUCCI、上海ebay**專業風水改造師、暢銷書《這樣拜才有效》**作者 王品豐——著

房屋坐向不對
真的會影響財運嗎？

我的住家財位在哪裡？怎麼布置才正確？

如果財位格局不好，怎麼改造才能越住越有錢？

- 找出住家財位方，調節好家氣場
- 找出屋宅心臟，強化求財動力
- 運用色彩和催運步驟，引動屋宅聚財能量

第一本教你打造出賺錢風水的開運書

住家先天風水不好不要緊，

找出**住家的財位**、掌握**求財催運步驟**，你就能打造出聚財強運的好風水！

【作者序】

我要你過得更幸福

二〇〇二年時，我正式出版了第一本陽宅風水書——《越住越好運》，此後幾年，書市裡的風水書如百花盛開般榮華一時，著書立論者如百家爭鳴，好不熱鬧。有所謂的電視名師暢行其道，有名不見經傳者向上攀爬，而我卻於此時默默退出，主要原因並不是因爲大家的寫法內容如出一轍，而是我認爲命理風水應該是生活化並且可以簡單應用的，不應只是用艱深的文字迷亂讀者。

早年我開始研究風水時，就是以將命理生活化爲目標開始的。只是越來越深入研究後，發現越簡單的東西越需要繁複的歸納系統，就像武俠小說中所謂的武功高強之人，通常都有一招獨門絕技，在極短時間甚至一招之內即可使人斃命。而這獨門絕技「一劍式」，通常都是江湖高手參研百家之後，才得到的心血結晶。因此，我停下寫筆，細細參考研究古籍今作，希望可以從中找到符合生活簡易原則的風水命理，可供現代忙碌的眾人實用。

二〇一〇年五月，我在春光出了一本與命理無關但卻相當實用的書籍——《這樣拜才有效》。這一本書非關專業，純粹是個人信仰與經驗分享，而這一本書也讓我感受到原來有很多人與我相同，在希望自己有所改變的同時，又希望能有一股心靈能量給予幫助和支持。於是，我慢慢了解到風水的運用和拜拜的儀式，其實都有異曲同工之處，那就是同樣都在使用宇宙的能量，謀求自我身心的滿足。這時我才明白，應該把風水生活化的雛形建立在哪個利基點上。那就是，應該將古老的、語焉不詳的理論，以簡單的說明，讓每個人都能知道如何應用在自己的周遭環境中。

有了這個構想之後，隨即和春光出版的編輯劉毓玫小姐溝通，也很快的獲得共識，以她多年的命理書編輯經驗來看，她也認爲與其標新立異（實在也很難再標新立異了），何不在原有的基礎上，以更簡潔與實用的方式貼近讀者的生活？而經驗十足的她靈機一動地說：「如果把住家當成聚寶盆來布置，將不良的格局改良、把好的格局加強能量，每個人都能在自家裡越住越有錢，是不是很直接貼近生活的一種表達方式？」是啊，物質的滿足和心靈的滿足本就是每個人的目標，我和編輯有了共識之後，便催生了這本書——用簡單的法則、深入的應用，讓生活更幸福。

陽宅風水是一門很簡單也很有趣的學問，簡單的地方在於說穿了風水就是氣場能量學而已。但氣場能量怎麼來的呢？它和溫度、濕度有很大的關係，古人很早就發現這個祕密，因此把它運用在命理和中醫學理上，命理上用「金木水火土」來代表五種能量的輪迭交替，醫理上則用「溫熱寒燥濕」來解釋溫度與濕度對人體的影響。

陽宅風水也是本於這個道理而生，試想一下，房子若濕氣太重或溫度太高，居住的人必然日礙於行，夜耽於寐，體力和睡眠品質在這種劣質環境的影響下，自然就會降低生產力，甚至個人的七情六慾也會隨之生變，而自己不自知。

因此，古人用一套迂迴的說法，把簡單的陽宅風水學用「霧煞煞」的文字包裝起來，弄得很高深莫測一般，一來可以裝神祕裝高雅，二來可以賣弄文字多留個好幾手。換言之，如果將這一層又一層累贅的「裹腳布」脫下，深奧的風水其實只剩下溫度與濕度的關係，把這兩樣理清楚了，陽宅風水就不再是折磨人的鬼東西。

至於爲什麼說它有趣呢？因爲搞懂了風水的邏輯和道理，就能把想像力發揮得有如親臨其境，一頭栽下去就會不知地老天荒了。每個對陽宅風水有興趣的人，莫不是源於期望自己未來能有個輝煌的人生，除了汲汲於鑽研賺錢之道外，也會希望多一點宇宙能量的助益，讓自己在茫茫的人生路上，可以多一些冥冥之中的助力，並提升功成名就的機率。

在筆者多年的執業生涯中，常見朋友或客戶滿口抱怨陽宅風水艱澀難懂，各家各派雜說紛沓，名師如雀鳥爭鳴，讓人無所適從。筆者遙想當年自學陽宅風水時也是如此，雜讀百家不僅文意艱深，甚至作者還留一手，讓人吃足苦頭。若想求見名師，如果沒有「身懷巨款」，也很難跟名師說上一句半字。再者每個行業都有一堆歪瓜劣棗，一不留神傷財事小，萬一吸收了錯誤的資訊那可就毀了半生。

陽宅風水上有很多似是而非的觀念，大家爭持不已，例如「八宅」中說：坎命人四吉位之一是東南方，那麼，到底是坐東南向西北，還是坐西北向東南？

再者，「八宅」說你的吉位是東北艮方，但「八卦派」又說你是一家之主，應該去西北方才是吉位，但「紫白飛星派」又說，這兩個地方去不得，一個是「五黃煞」一個是「暗箭煞」……這些威脅帶恐嚇的說法，往往讓事主蹲在原地不敢擅越雷池一步。

其實，這些事情說穿了都是斷章取義，也就是說兩者間斷了一條聯繫的橋樑，要嘛就是教的人故意隱去不談，要嘛就是以訛傳訛誤人誤己。基於自己也曾經深受其害，因此，在本書中會將某些重要觀念予以連結，順序看下去，讀者就會恍然大悟，原來陽宅風水就是這麼簡單。

本書在撰寫之初，即已設定簡單、易懂、實用為宗旨，但是仍必須以瞭解通徹理論為基礎，希望讀者能因本書受惠，由風水之門跨入幸福之門。

王品豊

二〇一〇年於上海

目錄

第二章 找出促成「好家」的影響力

第三章 找出屋宅的心臟，把好家變成聚寶盆

第一章

判斷好宅的基礎步驟

- 購屋前，該注意住宅周圍哪些地方？
- 房屋方位怎麼分？
- 門向應以誰為主？
- 選擇哪種房屋形狀才適合？
- 金害！不會看羅盤怎麼辦？

古時候，人們要蓋房子都得先請風水師來家裡住三年，一來是爲了找尋龍地吉穴以保萬代榮昌，二來風水師也要觀察一下主人家，看看是否有福有德，能否得百年大宅，所以彼此就這樣各懷乾坤，共居三年。這三年中，東家要窺測地理師功力是否了得，地理師則要考驗東家是否虛懷若谷，以便將畢生所學貢獻東家。

古人說改變命運的方法有五種：一命二運三風水，四積陰德五讀書。在本書一開始，就先說了地理師和東家相互觀察的故事，並不是要強調風水地理是如何的了不得，而是要告訴大家一個風水的基本觀念，古時候的人請風水師到家裡住三年，是爲了尋龍點穴找到好風好水，爲的是什麼？就是爲了安葬先人，讓先人遺骸得天地之助以利陽世子孫。

爲什麼要這麼說？因爲很多書籍將陰宅和陽宅的風水道理混爲一談，結果弄巧成拙，未蒙其利先受其害。

白話來說，陰宅是指埋葬往生者的地方，陽宅是活人住的地方，一生一死、一陰一陽，怎可混爲一談？

陽宅和陰宅的區分說得簡單，但還是有個時空背景差異的問題需要注意。古時候的人是住在地面上的，腹地廣大宅院想蓋多大全看你高興，但現在人們所居住的地方，受限於地狹人稠土地資源有限，因此住屋不斷往上發展，就算你翻遍古籍，也沒有一位高人教你住在摩天大樓的風水怎麼看。

其實，如果把博大精深的陽宅風水逐一歸納，就會發現「風水學」事實上就是「陰陽學」，不管你住平面或是高樓，把持陰陽即是一天一地、一明一暗、一收一放的道理，陽宅風水的道理也就一理通百理通了。

因此，本章要先告訴你，能夠**讓陽宅立於不敗之地的先決條件，絕對是坐向的選擇**，也就是說，找出適合自己的坐向之後，再去尋找該坐向的房子，得到該向氣場能量的幫助，那麼就可保自己諸事大吉啦！

第一節 購屋前，該注意住宅周圍哪些地方？

古時候的人自己蓋房子，所以蓋房子之前會先請風水師找地、量方位，再挑選大好吉日進行施工。現在的人自己買房子，精挑細選萬中選一，只能從不同的房屋中，像買菜似的挑選適合自己的房子，房屋的地理環境、門戶的方向都是必須要考慮的重點，所以現代人挑房子實在是一件很辛苦的事。

買房子要注意的條件著實不少，但最基本也最重要的原則掌握住，至少就能選個六七十分的好宅，再依照後面章節中的改善補強法，把自家改造成聚財好屋也就不再困難了！

以下將介紹選屋最基礎且重要的四步驟，請務必仔細觀察！

選屋第一步 觀察房屋土地前身的用途

人有人相，屋有屋相，就像孟母三遷的故事一樣，什麼樣的人住在什麼樣的環境，無形中就會被那樣的環境所薰陶。房屋亦然，坐落在氣場能量不佳的環境，房子是鋼筋水泥打造自然不礙事，但是住在房子裡的人稍有不慎就要倒大楣了。

因此，購屋之前可別被高級的建材所迷惑，一定要先作足功課，先行了解該基地的前身是什麼用途才行。一般人最忌諱的還是墓場、屠宰場、刑場之類的用地，而在基隆、汐止一帶也有部分的基地，下面是廢棄的礦坑，當有地震發生時，難保不會發生地層下陷的危機。

風水學上，房屋坐落的位置吉凶好壞，是依人工塑立的環境，再依據陰陽五行比對而來的。那麼，條件好、地理位置佳的房子，應該具備什麼樣的條件呢？

1. **天光下照、地氣上滎**：簡單說就是採光要好，不冷不熱，溫度控制得宜。
2. **天時地利**：房屋建造的時間和啓用的時間需謹慎選擇。
3. **陰陽相見，相依相靠**：指的是宇宙能量需陰陽協調，才能順利轉動能量。
4. **山水配合有情**：房屋坐落的周邊環境良好，沒有沖煞。
5. **形止氣蓄**：此點我將它看待爲樓層和道路環境的好壞要件。
6. **山環水抱**：都市中難見山水，因此來路、周圍大樓可視爲山和水，也是判斷風水吉凶好壞的關鍵之一。

環境景觀對房子來說是相當重要的一環，現代人住在大樓中，大樓附近的大樓便可以視之爲山。書上說「山管人丁」，就家庭面來說是旺子益孫，就社會層面來說，就是人際資源；屋後有靠，以都市景觀來說，就是前後左右的大樓是否與你住的大樓（山）對稱得宜，若是，則能容易獲得貴人提攜，若否，則易受小人阻礙無事生波。

至於風水書上常提到的「水管財」，舉凡進財、耗財等等，都是看水的順逆強弱，以判斷吉凶好壞。

由於都市內的水流只有下水道，要想見一彎清泓在都會裡可說是極其不易的事情。但陽宅著重的是「風水」，城市裡沒有「水」怎麼辦？其實，風水論的是「氣」，若拿實物打比方，水不一定要是水，如果把風水裡所說的「水」看做是動詞，那麼城市裡動得最多的不就是馬路上的車輛嗎？想想那個畫面，馬路像條河，車子如水裡的蝦蟹川流不息，有這樣的畫面，將「水」視爲馬路就不難理解了。

在這裡要告訴大家，風水學中的「水」其實是動詞。風怎麼形成的？簡單來說，空氣的流動產生「風」，風是由於空氣受熱或受冷，而導致從一個地方向另一個地方產生移動的結果。

由此可知，風會影響氣流，這氣流就是所謂的「水」。古人很聰明，說「風氣學」不夠高雅，於是用「水」假借爲「氣」，因此產生了「風水學」之說。

「水」在城市裡可以看待爲馬路，鐵路、高速公路等等，而一些高架橋，我們也可以將它看待爲水的一種形式，從中去判斷人居其間所得到的影響性。

挑房子不容易，挑好房子更不容易！多年前，我的老舅媽攢積了一筆私房錢，偷偷跟我說她要買間房子，以結束她經年累月的租屋生涯。我慨然答應陪她一起找，幾個月下來看了近三十間房子，結果不是超出預算太多，就是風水不佳當場被我否決。

找了幾個月後，老舅媽早已體力不支，我鼓勵她不要氣餒，只要決心不變，一定會看見好房子向我們招手。此事就如此經歷了近一年，好山好水的好房子還是屋跡飄杳。

年關將近時，老舅媽大清早打電話來說，她在社子找到一間房子，坪數、規劃、價錢都很符合她的使用條件，最重要的是房屋全新裝潢還配備全套家具。

看屋多年的我已累積了不少經驗，聽到舅媽興沖沖的描述，我當然不忍潑她冷水，但我心裡清楚，天下沒有白吃的午餐，哪有這麼好的事情？不賺房價還送你一堆家當？

舅媽興高采烈地帶我去看了那間房子，裝潢的確漂亮，價錢也合理，任誰看了都會心癢癢。但職業病使然，一進屋後我便發現幾個缺點：首先，室內空氣沉悶。會悶的房子絕對不是好房子，悶是因爲氣不流通，氣不通就不符合好風水的基本條件。

再來，羅盤定位時，發現該屋位於陰陽線上，也就是方位的臨界線上，這種房子藏風不足洩氣多，也不是好房子的條件。

接著，主臥房居「五鬼位」上，那年「五鬼位」又得「暗箭煞」，更使我頭皮發麻，驚覺此地不宜久留。

最後，當我走到屋外陽台環看四周環境時，才發現這棟樓是「凵」型建築，大門正對馬路，門內中庭種著紫藤花棚，頓時腦中浮現「凶」字，這不正是江湖中令人聞之色變的「凶」型房子的標準示範？

當下我將舅媽拖到一邊，背著屋主和舅媽的哥哥竊竊私語說：「這房子您別要了，我們再找別的房子吧！」

舅媽腳底長釘似地說：「這房子這麼好……」心中似乎百般捨不得一樣。我壓低嗓門繼續說：「這房子住三個月包出事，我不怕苦，您別怕累，我們再找找吧。」

好說歹說硬是將舅媽拖出屋外，但很遺憾的，這房子後來還是順利賣出，新屋主是舅媽的親哥哥。他陪同來看屋，一看就被迷上了，一度還惋惜著被舅媽先找到，後來聽說舅媽忍痛割捨，他二話不說立刻捧著現金找屋主成交。

兩個月後，舅媽的房事終於在汐止塵埃落定，背山面水風景秀麗，經過鑑定，我給它八十五分的高分，也祝舅媽一家人喬遷新居大吉大利。但於此同時，舅媽卻愁容滿面的告訴我，她的哥哥搬入新居後，第三週時，他十六歲的兒子因為發生車禍不治身亡，舅媽一方面慶幸當初接受了我的苦口忠言，一方面卻又哀慟姪兒少年早逝，兄長情何以堪。

到底這是巧合？還是屋相引發的致命危機？賣瓜的說瓜甜，打油的說油香，各自見解不同在此就不自我表述。但是危機出現之前，總是會有些預兆的顯示，而風水之說的預兆機制，卻是大家不妨參考的依據。

選屋第二步 觀察房子與馬路之間的關係

在都市裡，買房子前必須先看房屋與馬路間的關係。前面提到陽宅吉凶好壞是以「水路」爲基礎，**都市中的水路就是馬路或是高架橋**，本段即以房子與馬路間的關係，提供以下十個選屋的基本注意事項。

▼房屋與馬路間的風水10禁忌

1. 房屋不臨無尾巷

無尾巷中的房屋不可選，這應該算是風水上的基本常識了，在此便不再贅述。但同樣都是無尾巷的房子當中，又以巷底、或是與巷子盡頭直沖的房子爲最凶，若碰到凶年時，更怕家財散盡家運烏暗。

2. 房屋不臨反弓路

所謂「反弓路」，是指路呈弧形像彎弓一樣而得名，房子如果在弓形路的外圈（突出點上），稱爲「反弓煞」，凶年臨之，非死即傷令人膽寒。

3. 屋宅不臨丁字路

所謂「丁字路」，就是兩條馬路，形狀如「丁」字而得名。丁字路煞和路沖有點類似，如果房子坐落在相交點上，就形成所謂的路沖，路沖的屋子或大樓是無法藏風聚氣形成好風水的。坐落在路沖的房子，十樓以下稱爲「沖腳煞」，十樓以上稱爲「拐腳煞」，無論如何都是很不吉利的位置，流年沖剋時如果恰好個人運勢也不好，就很難避免災禍臨頭。

4. 房屋不臨三叉路

三叉路又稱爲「箭戟路」，取路形如箭的頭而得名，流年若遇有「暗箭煞」，要小心特別小心中箭落馬。這種房子的特色就是住進去之後，一路直升銳不可擋，但是煞年一來就急起直落、傷亡慘重。

5. 房屋不臨四水歸堂

「四水歸堂」是古書上的說法，而且說得很嚇人：「四水歸堂、全家滅亡。」這種路形是指以房子爲基準點，向外發展出四條馬路，或是四條馬路的相交點正好是房子坐落的位置。現代都市中的馬路幾乎不可能有這樣的設計，所以也不用太擔心買到這樣的房子，倒是現在的大樓，有些會在四周各開一條地下車庫通道，形狀也有點類似四水歸堂，因此購屋時還是得小心爲妙。

6. 房屋不臨路凹

有些路不知道什麼原因，開得很奇怪，既不直也不彎，在直路上來個「截直取彎」，彎出來的部分活像個長出來的膿包，房子坐落在膿包內或外都是不好的。膿包內稱爲「墓煞」，膿包外稱爲「反弓煞」，反正就是對運勢沒好處的膿包，在很多新開發的重劃區常可見這種路形，購屋時不可不慎。

7. 房屋不臨陸橋

陸橋或高架橋也是路的一種形式，不同的是，一般的路與房屋所在地是平行的，高架路則高於地平面。想想那個畫面：水在房屋之上，是不是形同「滅頂」？這樣的位置自然是很不妙的，而且依據高架路的形式，還區分成：直的高架路稱爲「攔腰煞」，彎的高架路，房屋在彎內稱爲「鐮刀煞」，房屋在彎外稱爲「惡水煞」。在台北市裡，此種煞的標準示範地段在南京東路和基隆路口，大家有興趣可以去觀摩一下，再比對一下周邊的大樓，就不難體會高架路煞氣的凶猛了。

8. 房屋不臨左鋒路

所謂「左鋒路」，是指路像剪刀的左刀鋒一樣。以面對大樓來說，來路從右前方通向大樓大門，然後左彎向大樓左側腹經過，稱爲左鋒路，這種路形主「病厄」，住在這種房子裡，凶年逢之，很容易發生病痛或是意外傷災。

9. 房屋不臨右鋒路

右鋒路和左鋒路的道理相同，也就是馬路從左前方來，經過大樓右腹延伸而去。右鋒主「劫財」，若不是財物被偷被劫，就是錢財不易守住。古書上還特地叮嚀說：「右鋒劫案被人驚，勞傷短壽亂癲生。」可見古人對這種惡路是如何膽顫心驚了。

10. 房屋不臨環路

所謂「環路」，拿到都會區來說，就是指圓環旁邊的房子。例如台北市的仁愛圓環，周圍的房子一直以來人氣都很難聚集，住戶也是來來去去，雖說是寸土寸金的台北市高級地段，但陽宅講的是藏風聚氣，環形路既無法藏風也無法聚氣，在風水位置上完全得不到好處。

以上所說的房子與馬路間的位置關係，都是屬於負面關係，但天下之大無奇不有，風水禁忌無法一一道盡，只是擷取較常見的路形與大家分享。

至於好的正面關係又是如何？陽宅風水的優勢貴在與環境產生平衡感，並且以能夠融入環境爲佳，如果可以在購屋時避免以上的問題，大體來說就不容易買到風水不佳的房子，也就能先讓自己利於不敗之地了。

選屋第三步　觀察房子與房子之間的關係

在都會區購買大樓的房屋時，除了馬路之外，也要將大樓與大樓之間的因素考慮進去。

如果說馬路是水路的假借，那麼與你比鄰的大樓，也就可以假借爲風水學中至關緊要的「山」了。

前面提到「山管人丁」，簡單一點地解釋，就是房子坐落於何處、是否有受到山的沖剋、是否可以得到山的幫助等等，這些都會影響到家庭中的成員，或是工作事業上的人氣。

「山」代表支撐的力量，「靠山」如果強，代表支撐力強，靠山弱，那麼支撐的力量相對也弱。因此，從另一個角度來說，「山」如果坐落得不好，不僅毫無助力，甚至可能對我們所居住的大樓造成傷害。

大樓與大樓間的相互影響性，就和人們之間的「敦親睦鄰」之道相似，有好鄰居大家就能守望相助，有壞鄰居或是成為別人的壞鄰居，不但無法守望相助，反而變成彼此的障礙。

陽宅風水也是這個道理，大樓與大樓間的沖剋問題應該盡量避免，若是無法避免，就應該想辦法化戾氣為祥和，以處事周延彼此圓滿為原則，而不是用「凸八卦鏡」照來射去，最後兩敗俱傷，大家都沒好處。

大樓與大樓間的風水6禁忌

1. 鄰樓應左高右低

所謂「左青龍，右白虎」，龍在天以高為宜，虎在地以低為佳，如此才能各得其位。勘測時應以背向大樓的左邊為青龍方，右邊為白虎方，很多人常會搞錯方向，誤以為是面向大樓勘測，這是錯誤的，很多人用之不靈就是因為搞錯方向所致。

鄰樓左高右低，是指隔壁的大樓與你所在大樓的高度比例，左邊的大樓高度應該要高於右邊大樓，以符合男主外女主內各有所本的意義。如果反過來左低右高，代表你所居住的大樓住戶，大多是女主人掌權居多。

如果左側有大樓相伴，右側則無，多數代表女主人身體虛弱，或是住在此棟大樓內的人多以單身男性居多，反之，右側有樓而左側無，多數代表男主人財運或事業運不佳，否則就是此棟大樓的女人，大都肩負養家活口的重任。

2. 鄰地開工，地氣受損

無論你購屋時請了多高明的風水師來看風水，只要大樓隔壁正在動土施工，就要有心理準備即將會傷害到已存在的大樓地氣。

大樓的右側若是有開工蓋屋、修路、建築地下道等工程，主傷財、傷女主人或長女；若是左側開工則會損及工作事業，或是對男主人、長子有影響。進一步詳情則要看該工地和所居住大樓的面積形狀的關聯性，以判斷損傷的情況。

很多工地開工時都會請法師先安五方龍神，就是要先向該地地基主稟報，以免驚動地氣造成意外。但不可避免的，與之相鄰的大樓仍會像蝴蝶效應般的受到波及。因此，買樓時除了看室內格局之外，也要特別注意周遭是不是都已建造完工。

3. 勿選兩棟大樓間的房屋

所謂「天斬煞」，是指在兩棟大樓間隙間的前方或後方建築一棟大樓，使得該大樓正好座落於兩棟間距的正前方，就稱為「天斬煞」。

在古人一物一太極的理論下，兩棟大樓間的棟距，就好比兩個太極間陰陽混濁的模糊地帶，在這個模糊地帶裡面，人很難從中擷取可用之氣，大樓中的住戶便很容易因為混濁的陰陽之氣而受到衝擊，當流年發威時，住在該棟大樓的人很難不受到影響。另有一說，這樣的大樓很容易藏汙納垢，吸引「阿飄」長期進駐。

4. 屋後有山，象徵有貴人可靠

古時所稱的好風好水，多是指「背山面水」的環境。所謂「背山」，指的是房屋背後有座山可以靠，「面水」指的是房屋前面有河流可以收水氣，以增強財氣。

在都會中，背後的那座靠山，可以視為房屋後面的大樓。大樓既然可以假借爲山，那麼你家的大樓倚仗別人家的大樓爲靠山，你家的大樓同樣也會成爲別人家大樓的靠山，大家都是你靠我我靠你，這就說明了人與人之間必須相互合作，才能互蒙其利。

大樓與靠山之間，存在著遠近距離的吉凶好壞。如果把自己居住的大樓比喻爲「我」，我和靠山之間就必須保持適當的距離，太近會有泰山壓頂的壓迫感，事業上容易產生「受制於人」的壓力；太遠又難以觸及，並且不易得到靠山的幫助，彷彿貴人看得到卻又無法從中得到實質的利益幫助。

靠山如果高過於我，便成爲強龍壓境，做事難成、破財多災。古書上把這種情況形容爲「過頭屋」，還作詩說：「此屋名爲過頭屋，前高後低二姓族，住主孤寡少年郎，招瘟動火連年哭。」聽起來很驚悚，不過也有言過其實的感覺，只是從環境上來看，確實不是個好風水。

靠山如果比我低，則是靠山無力，難獲助力。在都市林立的大樓裡面，每棟大樓高來低去比比皆是，若是每一項都按古書的標準來找房子，肯定是沒有一間能夠及格。不過從景觀學上來說，比鄰的大樓過高或過低，的確會影響住戶的心態。因此，購屋時最好還是選擇已經全部規劃建築完整的大樓或社區，起碼保證在未來幾年內，周遭的環境不致於受到很大的改變。

5. 屋前左右有大樓，家中出狀元

房屋如果後方有靠，遠近高低又適中，而房屋左右又有其他大樓，感覺上就像椅子有靠背又有左右扶手，而這「左右扶手」，在風水術語上便稱爲「案山」。古時說門前有案山，主出文昌。意思是說，案山如同古人置放毛筆的筆架，有筆架當然就是因爲有讀書人，所以才說門前有案山，家中會有很會讀書的人。

但在都市中不太可能遇到大樓前面有案山的房子，於是我們將案山轉化為住屋前的大樓，扶手要左右皆有才完整。左右扶手代表機會，也代表容易得到貴人幫助，財運自然旺盛；相反地，如果左右有缺，那就是美中不足，際遇大大不同了。

6. 房屋地勢宜平不宜斜

很多房子都建蓋在山坡地上，或是沿著山坡的陡勢比鄰而蓋，有人說地基面的坡度有分陰陽邊，在陽邊的房子是向上坡，所以不會有風水上的問題，而在陰邊的是向下坡，所以會有破敗的地理情勢。不過依照我多年的風水經驗，不管是不是陰陽邊，屋宅只要位於山坡上，流年凶煞一到，陰陽兩邊都會遭殃。

有一次，我到楊梅去看風水，這是一棟雙併型的別墅住宅，屋主重新整修花了很多錢。這房子先天不良，建在山坡上，走出家門就是下坡路，當時我計算該屋的年運，發現此屋那年正好走「五黃煞」運，對面鄰居的位置則是「暗箭煞位」，所謂「暗箭難防必有災」，於是便順口問他對面鄰居今年是否安好？

屋主搖搖頭表示不知道，他們只有假日才回楊梅居住，其他的時間都在台北賃屋工作，和左鄰右舍並不熟。我跟屋主說今年所犯的屋煞，會使對面鄰居的男主人有意外之災，諸如跌傷、撞傷一類，尤其是肝肺功能受損，不過他們並不知道鄰居的狀況，所以也無從查證。

後來我又跟屋主說，下坡路的房子本來就不好，即使是上坡路也是很辛苦，所以不建議他們常住，如果像他們這樣，假日才回來倒也還可以。

這事大約過了兩星期，屋主有一天打電話來，說他楊梅的別墅由於鄰居水管滲透，將他家的客廳淹及腳踝，幸好他母親福至心靈，突然想去幫他打掃房子，才發現這個飛來之禍，當然，花了兩百萬的裝潢也就這麼泡湯了。

而最巧的是在兩週前，也就是我去看他房子的前一天，據說住他對面的老外鄰居，因爲想幫他的孩子在院子裝鞦韆，不慎摔下來，老外人高馬大，摔下來時據說連皮外傷都沒有，但去醫院檢查時，卻發現肝臟破裂而住院。

若對照風水沖煞的部位，老外是肝臟出問題，而我的案主則是家中客廳會遭殃，這兩個地方都是犯煞的主要位置，慶幸的是，因爲我的案主沒有長期住在別墅中，只造成淹水事件，也算是不幸中的大幸。

由此看來，房子的基地　是以平整爲宜，上坡地或是下坡地對居住者來說，仍然存在著一定的風險，至於是什麼風險，則要看該地的坐向來定。

選屋第四步　判定門向

住在大樓裡，房子的坐向到底要以門或落地窗（陽台）來看？這是一般人最常問的問題，也是最基本也最重要的概念。我們可以從另一個角度來看，所有的房子都一定有門，但不是所有的房子都有落地窗，所以，**看房子的坐向當然還是要以家門為主**。

在人體的比喻上，門就像人的嘴巴一樣，具備吸收與吐納的功能；嘴巴吃進了有益身體的食物，就會提升身體的健康，吃進了壞的食物，就會破壞身體的健康。門等同於人的嘴巴，吸進好的氣，可對住在房子裡面的人產生助益，吸進不好的氣，則會破壞屋內的人的好運氣。

而門向的好壞條件，取決於屋主的屬性，必須透過屋主的出生年，來決定屋主適合吸取五行中的哪一種，以獲得宇宙能量的輔助。

那麼窗戶又是什麼？有人說是眼睛，因爲眼睛爲靈魂之窗？我倒認爲窗戶像人的呼吸系統，調節人體內的循環系統，用來排出二氧化碳或吸納氧氣。因此，在風水學上，窗戶具有吸納氣體能量的功能，作爲屋內的調節系統，讓室內氣流可溫和流動。

若要說得再白話一點，試問出入家中有誰是「進窗」而不是「進門」？所以房子的坐向還是要以門爲基礎，而窗只是決定納氣的優劣而已。

另外還有一個問題，現在大樓有很多門，社區大門、車庫門、電梯門、家門，到底要以哪一個門爲主？這個問題其實很容易理解，風水之說源於易經的陰陽理論，若把「家」當作中心點，那麼，測定家中方位坐向，當然是以家門爲主了。

至於社區大門，則是決定整個社區吞吐所在，在購屋前若是能一併考慮社區大門的坐向與個人吉凶的影響，那麼當然有加分的效果；但若無法兼具，自然還是以家門爲第一考量。

第二節 房屋方位怎麼分？

陽宅風水學中，最普遍區分每個人適合坐向的規則，就是「八宅法」。大部分的人在選屋的時候，都會問風水老師：「我適合什麼坐向？」計算的方式很簡單，只要知道民國出生年，就可以自己算出適合的坐向了。

如何找到適合自己的房屋坐向

步驟1 確定出生年

必須注意的是，計算八宅時，必須先確認自己的農曆出生年是該年或下一年，這必須以農曆的「立春」（通常是國曆二月四日，讀者們不妨參考農民曆）爲主，立春前生日的人應以當年計算，立春後生日的人則必須以下一年計算。

例如，小明生日是民國六十三年農曆二月八日，他的農曆生日已過立春，所以是以民國六十三年來計算。

現代人有電腦很方便，如果不確定自己的出生年是哪一年，可以上網輸入「八字線上排盤」，命盤出現後就會自動顯示個人的農曆出生年月日。因爲電腦程式已經自動幫你區分「立春」點了，所以可以直接依照顯示的出生年來計算你的八宅。

步驟2 男女有區別

男命和女命的算法有些微不同，在計算之前，先留意以下數字排列：

6 7 8 9

5

4 3 2 1

男命：

將民國年的十位數和個位數相加，得總數後，在上表中從7（男生固定從7開始）逆時針數到相加總數，即爲該數的宅命。

例如，小明（男）民國六十三年出生，宅數計算如下：

6（十位數）＋3（個位數）＝9

男命由7開始逆數9次：7→6→5→4→3→2→1→9→8，逆數9次之後，第9的那個數字是8，所以8就是小明的宅命數。

此外，也有特殊狀況，例如：小強（男）民國九十三年出生，兩數相加爲12，由7逆數12得5，由於5爲中間數，因此若男命總數得5，則取2；女命總數得5，則取8，這是固定的取法。

女命：

將民國年的十位數和個位數相加，得總數後，在上表中從8（女生固定從8開始）順時針數到相加總數，即爲該數的宅命。

例如，小花（女）民國六十三年出生，宅數計算如下：

6（十位數）+3（個位數）=9

女命由8開始順數9次：8→9→1→2→3→4→5→6→7，第9次落在上表的7數上，即知六十三年次的女性，是7宅命的吉向。

和男命的特殊情況一樣，若小花（女）是民國八十八年出生，總數爲16，從8順數，則得5，因爲5爲中間數，所以要假借爲8宅數。

剛開始計算時可能會有些混淆，但是多算幾次後熟悉度增加，以後隨手就可以計算，再也不用翻書對照表格了！

剛剛已經教過讀者如何算出自己的宅數，接下來，便可對照自己的宅數所對應的宅命了。

宅數/宅命

宅數	宅命
1	坎
2	坤
3	震
4	巽
5	坤（男）艮（女）
6	乾
7	兌
8	艮
9	離

把數字轉爲八卦之後，恭喜你即將成爲風水半仙，以後當你算出4宅數時，你就改口說：巽宅命，算出8宅數時，就改口說：艮宅命，算出男命5宅數時，就改口說：坤宅命。聽到你這麼貌似專業的說法，包準他人對你的眼光一定會多加上幾分敬佩之意。

以上乾、兌、離、震、巽、坎、艮、坤八卦，這八卦不僅是八個方位的代名詞，也區分爲兩組，分別是：「東四命」（1坎、9離、3震、4巽）和「西四命」（6乾、2坤、8艮、7兌）。

爲什麼要區分「東四命」和「西四命」？簡單來說，就是爲了讓人們了解自己的宅命適合接收哪個方位的好能量，以及不適合接收哪個方位的凶氣能量。因爲大地能量並沒有好壞的區分，只有大地能量和我們個人之間的互動影響而已。就像順風讓人感覺舒暢，逆風讓人感覺壓力沉重一樣，風水學就是環境能量氣場學，對人、對住戶來說，只有舒不舒適的差別而已，而這也就形成了風水的好壞差異。

此外，「東四命」和「西四命」各有四個吉方和四個凶方，吉方所駐守的星，稱爲「吉星」，分別是：「生氣、延年、天醫、伏位」；而凶方駐守的星則稱爲「凶星」，分別是：「絕命、五鬼、禍患、六煞」。

每一個人、或是每一種方位的住宅，都有四個吉方位和四個凶方位。造物者是公平的，就看你是不是在對的地方做了對的布置，如果是，那麼恭喜你可以越住越好運！但如果格局設置得不對也不要灰心，妥當地改造布置，同樣可以達到化解的效果。

東四命/西四命的四吉向和四凶向

命卦	宅命	四吉方				四凶方			
		生氣	延年	天醫	伏位	絕命	五鬼	禍患	六煞
東四命	坎卦命 1	向東南	向南	向東	向北	向西南	向東北	向西	向西北
	離卦命 9	向東	向北	向東南	向南	向西北	向西	向東北	向西南
	震卦命 3	向南	向東南	向北	向東	向西	向西北	向西南	向東北
	巽卦命 4	向北	向東	向南	向東南	向東北	向西南	向西北	向西
西四命	乾卦命 6	向西	向西南	向東北	向西北	向南	向東	向東南	向北
	坤卦命 2	向東北	向西北	向西	向西南	向北	向東南	向東	向南
	艮卦命 8	向西南	向西	向西北	向東北	向東南	向北	向南	向東
	兌卦命 7	向西北	向東北	向西南	向西	向東	向南	向北	向東南

步驟3 確定坐和向

運用步驟2的算法，相信現在你應該清楚自己是哪一個宅命的人了。

不過，很多人仍然搞不清楚「坐」和「向」的差別，其實簡單來說，「門向為來路，門窗為納氣」，也就是說，來路和納氣的方向都必須朝著吉方位，才能接收好的能量，因此，「坐煞向吉」，也就是**面向著最適合你的吉利方位就對了**。

比方說，小花是女生，民國六十年生，依照上述的推算法，可以算出小花的宅數是4，也就是巽卦命人。

在四吉方中，「伏位方」是個大好方位，而巽卦命的小花的「伏位方」是東南方，那麼，小花該「向東南」？還是「坐東南」呢？答案是「向東南」！因為**屋宅必須「向」著好方位才能納好氣**；而從表格中可以得知，西北方是巽宅命人的「禍害方」，納氣納禍害豈不是糟一個大糕？所以，正確的坐法應該是「坐西北向東南」，才符合納吉入貴的條件。

現代人買屋不像古時候可以選地自建，但每個卦命的人都有四個吉方可以選擇，因此只要掌握好坐向，那麼也就算奠定了好風水的基礎，接下來再進一步選擇房屋的形狀，相信必能給自己找到舒適又聚財的好屋。

第三節 門向應以誰為主？

家中有數位成員，房屋大門坐向的問題該怎麼處理？如果臥房的床位要看方位，那麼夫妻同床不同宅命，又該以誰爲主？相信許多讀者都會爲這些問題感到一頭霧水。

大門以戶長為主；廚房以女主人為主；臥室則以使用者為主

古時勘測主要分四個部分：門、窗、房、竈。門是大家共同出入的地方，所以必須以家中的主人，也就是戶長爲坐向考量，其餘的人可以根據自己的房間床位，尋找各自適合的坐向。不過一般來說，廚房是女主人的天下，所以廚房的坐向就以女主人的四吉方來決定。

此外，夫妻不同宅命但同睡在一張床上，到底該以誰爲主來定方位呢？這也是讀者經常詢問的問題之一。古人說「氣從八方」，一張床上四方無屏障，太極則不能成立，所以夫妻兩人若宅命不同，床位的安排可以「坐東向西」或「坐西向東」，也可以「坐東南向西北」或是「坐西北向東南」，如此一來夫妻雙方一東一西，各合本位，兩全其美。

第四節 選擇哪種屋宅形狀才適合？

古人建屋時會先找地，然後請風水師規劃門向方位，決定房間的比例數，接著又做風水園藝景觀，最後才會築圍牆，這全部的過程當然皆以風水爲主要考量。

現代人住在大樓裡，無法像古人一樣「蓋」出好房子，所以只能用「找」的，在每一棟大樓間來回奔走，分析比較後才能確定哪一棟大樓最適合自己。要在大樓中找到一間好房子定居，先決條件還是要看大樓的基地地形是否平整，接著再看自己的家中地形是否平整。如果有缺角、不規則的地形，不管是大樓或是家中，都是屬於不好的地形。

屋形四方平整為上選

那麼，怎樣才算是漂亮的屋形？古人認爲四方平整爲上乘之選，但這是以平面來看，用立體角度來看，房子還有縱深的考量，因此四方的比例如果是1比1.5，那麼就可說是上上之選。也就是說，房子的面向爲寬度1，縱深爲長度1.5，這就是很完美的比例了。就算不能維持這樣的比例，也千萬不要選到相反的房子，否則一旦入住，你就要大嘆時不我予懷才不遇了。

問題是，屋形不佳或是有缺角的房子比比皆是，而且相當容易出現在二手房的市場上，原因無它，住進去之後，「財如流水漏，人做鳥驚飛」，大家發現苗頭不對紛紛撤退，當然就容易充斥在二手屋市場上了。

以前剛學陽宅時，對這種破壞力極強的屋形掉以輕心，後來連看兩任屋主在同一棟房子裡發生慘事之後，不得不對這種屋形退避三舍。

那間屋是七樓高的華廈，房子位在七樓，受容積率的限制，房子只蓋樓層面積的一半，其他的部份就是露台。晚上明月高照涼風徐徐，在自家屋的露台詠月小酌，那是都市人多麼難得的享受啊！但是隱藏的悲劇卻是在這間寬大於長的比例空間內。

第一任屋主是位經常出現在電視上的女性名嘴，以講兩性關係見長，爲人謙虛溫厚，她和先生結婚多年一直苦無子嗣，那一年她年過四十突然珠胎暗結，老蚌生珠在即自然是喜出望外，因此對身體的調理也就倍加小心，每月的產前檢查自然是不在話下，但就在預產期的前三週，突然檢查出胎兒臍帶繞頸，早已死於腹中，女名嘴爲此身心俱疲痛不欲生，悲悵之下決定搬家轉換心情。

姑且不論醫療疏失的問題，單從風水角度來看，這層樓左右寬前後短，已經顯現功虧一簣的徵兆，而窄的部份在東方，那年是猴年，與東方衝剋，先天地形有症又加上後天流年不利，就會造成損財傷丁的事情，而應驗的是家中長子。事後印證於傷心的女名嘴，的確在這一年來不及長大的寶寶是兒子。

緊隨於後的是某位命理仙仔，他與女名嘴是舊識，託她的福得以優先承租這間「衰人屋」，這位命理仙仔在那段時間還小有名氣，又出書又上電視，每年還受邀到美國洛杉磯做命理巡迴演講，客人就算不是門庭若市也還絡繹不絕，但那年的四月喜孜孜的搬進新居後，悲慘的命運也悄悄展開。電視、廣播的通告莫名其妙的斷線，預計出版的書也一拖再拖，客人從絡繹不絕滅爲門可羅雀，那個月份他去了美國一趟賺回來一些美金，但那一筆錢卻也是他那一年唯一的收入，其他的支出幾乎都靠老本撐著。

算命仙仔起初以爲這種寬度煞不難破，所以也試著用許多方法克服，但越到後面日子越難過，最後算命仙總算大夢初醒擇吉搬遷。

那一段時間對算命仙來說，可算是他從業以來最大的瓶頸，但從這裡面所得到的專業教訓可是千金難買的。經此一役，後來算命仙仔爲人勘測陽宅時，如果遇到這種房子，心裡莫不是隱隱作痛，金口一開就是讓人快快搬家，以免大難臨頭。

房屋寬長比例為1比1.5可說是完美屋形，完美的屋形難找，一般若能找到地形平整無缺角，就算得上是不錯的好房子了。

那麼，不良的屋形又有哪些呢？以下五種範例請務必遠離：

絕不可選的5種屋形

1. 長條形房屋：家如死水，了無生氣

長條形的房子比例和標準型很類似，但是寬度更窄、長度更長，而且深不見底，從門口往屋內看，有一種神祕陰森的感覺。這種屋形因為進氣不容易，排氣也不容易，所以整個環境呈現停滯的現象，就像一灘死水，住在裡面的人久而久之也會缺乏鬥志，深居簡出不問俗事。

2. 倒梯形房屋：賺少花多，聚財困難

所謂的倒梯形，是指前面寬後面窄，也有人稱為「倒財屋」，意思是把家裡的錢不斷往外倒的意思。因為屋前吸財，屋後聚財，倒梯形房屋的內部過於狹

窄，象徵聚財不易，反將吸進去的財又全部倒出來，所以稱爲「倒財屋」。

3. 左右有缺口的房屋：屋內住戶多病多災

左右有缺口的屋形又稱爲「削肩屋」，是指房屋左右兩邊有缺口，就像肩膀被削掉一樣。這種屋形就像一個久病不癒的病人，看起來有氣無力，即使有好的運氣降臨也無法好好把握，只能在事後無限追悔。

房子的左肩如果被削，代表家中男丁容易罹患疾病或意外傷害；如果是右肩被削，就要注意家中女性易有頭疾，如腦神經衰弱等問題。古書上說的更誇張，什麼肺癆、癲狂、吐血等等都來了，只因時空背景不一樣，以前醫學不發達，所以小病常演變成大病，但無論如何，住在「削肩屋」中，住戶身體必定要多多注意。

4. 屋前地勢不平的房屋：意外頻傳，工作常白忙一場

房屋前方地勢不平的屋形，稱爲「截腳屋」。房屋前方的地形不平整，或歪邪、或缺角，看上去就好像一個人的腳先天不良於行，或是因意外而瘸腳。腳代表力量，中醫認爲老化都是從腳無力開始，中年步入老年的特徵，也是從腰酸背疼再慢慢演變成腿力不足。

「截腳屋」也是同樣的道理，住在這種房子裡，工作機會會慢慢減少，或是工作上容易一天到晚遭遇挫折，甚至原本接近完成的案子，也會半路殺出程咬金來而白忙一場。而「截腳屋」也有人稱爲「拐腳屋」，同樣是指意外頻生，讓人防不勝防的意思。

「截腳煞」這種屋形不管是屋前左邊或右邊不平，對家中的男女都有不利的影響，尤其若再遇到流年煞星發威時，加倍的殺傷力更是令人防不勝防。

5. 左右兩側內凹的房屋：好事沒有，壞事接二連三

房子兩側內凹的屋形，稱爲「腰斬屋」，形狀就像被人攔腰砍了一刀的樣

子。這種屋形最常發生在兩間房子打通後，受限於樓梯間的位置，不得已便形成了側腹凹陷的屋形。有些風水老師會將這種房子稱爲「牽路厝」，但別以爲這是好名詞，住在這樣的房子裡，好事不會互相牽引，反而是壞事接二連三，家中永無寧日。

之前有位朋友的父親爲了擴增住家空間，於是將隔壁房子買下來，爲了節省空間，將原本的兩户門封閉，改從原來的陽台進出，如此一來原本的門就變成了側腹，但因沒有填實，所以形成房屋腹側凹陷的「牽路屋」。而那年房屋沖犯太歲，在三個月內，朋友家中連失兩人。

首先是房屋改裝後，他的父親在家中吃晚飯時，喝了一小杯蔘茸酒竟然因此導致腦中風，躺在床上近一個月無法動彈。屋漏偏逢連夜雨，一個月後的某天黃昏，我朋友時年三十五歲的哥哥，下班回家後喊説頭痛，進房間小睡一下，吃飯時他太太進房間叫他，才發現他已經心臟衰竭天人永隔。中風的爸爸得知兒子往生，一時悲從中來也因此辭世，父子雙雙離開人間，前後相差不到一週的時間，同一個時間連辦兩個至親的喪事，叫家屬情何以堪？

所以古人將房屋兩側凹陷的房形稱爲「牽路厝」並不是沒道理的，也許在某個時空某個陌生的人，因擁有此屋而致害，只是因爲我們不認識而不以爲意，但古人有前車之鑑，特以爲名警惕世人。其實從兩間房子打通相連的角度來看，似乎也有手牽手一起走的意涵，看世間事似乎凡事都早有徵兆，只是看我們是否能夠認眞仔細的察覺出造物主的美意。

第五節 金害！不會看羅盤怎麼辦？

一提到陽宅風水，大家就會聯想到羅盤，一看到羅盤，可能馬上就被羅盤上密密麻麻的蟻字嚇壞了！其實羅盤最大的功能就是辨別方向與方位，至於其他的功能一般很少用到，如果只是想測一下家中的方位，不妨買個指北針就好。

工具是死的，人是活的，怎麼量才是學問。首先，要量住家方位就先找好房子的中心點，然後站在中心點，由屋內面對屋外，看指北針怎麼指，就可以知道你家坐什麼方朝什麼向了。

同樣地，若要測量房間的床位，就站在臥室中心點，面向房外，等指北針測定，就可以看出床位的最佳擺放位置。

指北針是家庭中的必備良品，隨時想到隨時信手拈來，如果還是不放心或是對羅盤不死心，現在網絡科技非常發達，上網就能找到學習羅盤的方法，讀者看過之後也可以上我的部落格，大夥可以交換一下心得，彼此互相勉勵。

第二章

找出促成「好家」的影響力

- 客廳象徵門面：影響頭部、貴人、前途、機運
- 臥室象徵心肝肺：影響體力、企圖心、決斷力
- 廁所象徵腸胃：影響健康、思考能力
- 廚房象徵膀胱腎臟：影響精氣、財氣

在第一章中，筆者特別強調了幾個簡單又重要的觀念，雖然顯得有些枯燥，但念在筆者我苦口婆心，深怕大家一知半解而不厭其煩地說明，所以無論如何請看在這個份上，認眞看一下。畢竟好的開始才是成功的一半，明白基礎條件之後，才能爲選對房子立下不敗的基礎，然後進一步把家當做一個聚寶盆，好好裝飾布置，等時機到、運氣到，要不發也很難！

所謂天助自助，雖然筆者不敢跟你保證按書操作之後，必定可像台灣首富郭先生一樣富可敵國，但起碼家運平順、夫賢子孝是絕對沒問題的，唯一可獲安慰的是，學會了本書步驟，等於賺到了首富請大師看風水的行情。

如果你看完本書後暗暗一驚，赫然發現自己所擁有的房子和本書前面所說的條件大有不同，此時也別急著賣房子，古人說得好：「一物一用」，每種屋況多多少少都有可以改善的空間。

而本章要告訴你的，就是房子每個部位的妙用，即使在坐向條件不利的前提下，一樣可以把你的房子布置成聚寶盆，一旦因緣俱足，「好家」一樣會發光發熱，爲你帶來意想不到的好運。

如果把房子比喻成一個人的身體，那麼你可以試著想像有一個人平躺在地上，由內向外的躺著，讓陽光循環照耀著不同的部位，受光的部位稱爲陽面，不受光的部份則稱爲陰面。

陽宅風水提供了一套不變的坐向計算公式（詳見第一章），幫你計算出你的房子那個部分需要背光、哪個部分需要向光，並藉由陽光的照射溫度，轉化爲與你相容的氣來幫助你的身體能量。

當這股無形的能量進入你的體內後，會被你的身體消化吸收，轉化爲你的思維、性格、態度、積極力，並且產生能量，因此形成別人對你的看法，進而決定別人與你往來的態度。於是產生了所謂的人際關係、社會資源，造就你未來的事業、錢財等等的具體形象。

也就是說，**住在舒適、適合你的房子裡，你每天都能和房子產生很好的「交流互動」，回家能得到充分的休息，達到充電的效果，每天都能產生全新的正面能量**。在這樣良性的循環下，不管你是學生、上班族或是公司老闆，當然都能有很好的成績和成就。

再舉例來說，不良的風水，就像濾過性病毒一樣，不知不覺地進入你的體內，你的身體打不過病毒，於是你就感冒啦！展現在外的是一臉病容，朋友看到你病懨懨的，人人掩鼻而逃深怕被你傳染。

身體和房子都是相同的道理，房子影響你，而你影響外在的人事物，或是被外在的人事物所影響，造成你想要或不想要的結果，這就是「機運」。所以爲什麼說命運掌握在自己的手上？從某個角度來說，命運掌握在自己手上的前提，是你決定用哪一種能量與他人接觸，而你能量的來源之一，正是住家的風水。

回到陽宅的人體論來說，人體的器官缺一不可，每一個部位都得運作正常，才能充分各司其職發揮不同的作用力。以下單元就是針對特別重要的「部位」分別說明，各位讀者不妨對照一下，爲自己的住家做一次「全身健康檢查」。

第一節 客廳象徵門面：影響頭部、貴人、前途、機運

風水學中強調「光廳暗房」，意思是客廳要明亮，臥房要幽暗。這句話是從「氣」的角度來解釋的，因爲客廳光線明亮、空氣流通，可讓人活力充沛，但若臥室太過明亮，則會因氣流不穩定而而導致精神渙散，使得能量無法集中。

風水看多了，經驗累積下來之後，筆者對「光廳暗房」有了更深一層的看法。客廳要亮，固然是爲了光線明亮、空氣流暢，但最重要的原因在於客廳所影響的，是人際關係的第一線。客廳就像人的臉一樣，在你與他人沒有充分了解之前，別人對你的初步評價，絕對是來自於你的長相和談吐，長相好先加三分，談吐有料、應對有節再加五分，剩下的兩分就是你的表現力。

客廳如果比喻成一張臉，這張臉絕對要是明亮、陽光、積極的，具備這樣的活力才能贏得別人的注目和重視。因此，我們可以說**客廳的磁場能量，主張的**

是外在人緣，由內心的性格轉化成顯現於外的個性，想當然爾，它也是在強調人脈資源的現今社會中的第一張名片。

藉由光的運作，**客廳展現出來的除了是人緣之外，也可以轉化為科名**，所謂的科名就是指在校讀書的成績，但在校讀書成績優劣，也會受到天生資質和文昌位的影響，所以客廳的科名，比較具體的講法是表現在工作、事業的追求上，與命格相符的客廳格局，可以幫助住戶在「名」的追求上有加分作用。

記憶中有這麼一個絕路逢生的例子。筆者剛開始從事命理行業的第二年，透過朋友的介紹，認識了廣播主持人小胖。那是我第一次接觸媒體，緊張不安的心情就不說了，倒是初次見面的小胖很夠意思，知道我是媒體新人，給了我很多幫助，不厭其煩地重複錄音，且在節目上大力幫我廣告，這一次的接觸便給彼此留下了美好的緣份。

大約過了兩個月的某天，小胖打電話給我，說他將參加某個公家單位的電台甄試，這個甄試對他很重要，如果錄取了，就可以告別現在這種必須求爺爺告奶奶的接案子工作。不過，這工作要求的人才也是萬中選一，很多業內的廣播人聞風而至，全都摩拳擦掌信心滿滿，爲的就是獲得這份鯉躍龍門的差事。

小胖很想參加，但高手環伺，得失心讓他寢食難安，所以打了電話跟我訴苦一下。雖然說是訴苦，但大家都心知肚明，無非就是想問問我有沒有什麼「小撇步」可以助他一臂之力。筆者我既沒有特權又沒有管道，唯一的方式就是帶他去求個神，到他家看看有沒有什麼地方可以在風水上補強。

一進他家門，看到客廳時我就傻眼了！家具散置，看起來不像剛搬來也像隨時準備跑路一樣，但他卻說他在這裡已經住了十多年。我無奈地嘆了一口氣，鼻息間聞到一股潮溼的霉味，仔細找了一下，才發現有面牆龜裂還滲出水漬。我跟他說眞佩服他還能在這房子裡住這麼久，不說風水命理，單是從一個人的生活品質來看，已經是減分加不及格，把自己安置在一個髒亂的環境，即使給予再多的風水幫助也是枉然。

本來是到他家作客，後來索性捲起袖子當他外勞，我幫他把沙發從廁所邊搬到客廳的東方，因爲東方是他的吉利方，又符合那年的「貪狼位」，也就是「名利位」，還叮嚀他看電視時就這麼坐著，哪怕看到睡著了就這麼睡在沙發上也很好。此外又幫他做了一些更動，讓客廳看起來不僅有家的感覺，也隱藏著我的風水玄機。

那一次，小胖是偷偷摸摸去甄試的，會考場上還遇見了同行，大家瞠目結舌的看著他，莫不驚訝他怎敢來應試，小胖心裡更明白，比他優秀的人大有人在，反正他就抱著學經驗的態度，心裡反而踏實很多。

一週後考試放榜了，令人拍案叫絕的是小胖並沒有被錄取，但絕在哪裡？絕在他得了個「探花」，也就是第二名，備取的第一名，也就是說除非「新科狀元」被錄取的那位臨時發生什麼天災地變，小胖才有可能臨危扶正，否則小胖還是得老老實實的當他的配音員。

這樣的結果簡直就是在小胖背後放了隻跳蚤，癢得要命卻又抓不著，老天這個玩笑也開得太誇張了，小胖當時心情跌到谷底，但不管怎麼說，這畢竟是一場雖敗猶榮的競賽，起碼證明了他是個優秀的專業人才。

但我心裡卻暗自忖思房子的布局到底哪裡出了問題？或許是機關算盡總不如老天臨門一腳吧！也不知爲什麼，當時我心裡總認爲戲還沒落幕，只是不知道天意的演變會從哪個地方爆冷門。

答案其實很快揭曉了，又過了一星期，小胖帶了兩位朋友到家裡來，主要是想談大家合作網路線上算命的事情，談著談著，小胖的電話突然響起來，一會之後電話講完了，小胖立刻把剛剛大家討論的事情做了總結，約好下次見面續聊的時間，並急急地把兩位朋友送到門口。一關上門，小胖臉色大變，語氣激動帶急促地說，電台的台長約他明天面談，事情關乎上回甄試，我心中則暗喜冷門眞的爆了。

隔天的下午小胖來電說，他面談的結果是馬上談定了上班的日期。我趕緊問他發生了什麼事，他喜孜孜的說，原本的第一名因爲公司老闆不放人，所以他無法過來上班，後來又說放人、後來又說不放人，反反覆覆的把電台老總惹毛了，一聲令下由備取生遞補，因此改變了小胖未來的人生。事情就是這麼曲折離奇，很多電台同行獲知後，紛紛從電台錄音室滾到大馬路上。

如果說人生是一連串的奇蹟造成的，有的人等待奇蹟、有的人製造奇蹟，在主動與被動的競賽中，主動者往往掌握了更多契機，安靜等待奇蹟的是看戲的人，只有主動出擊的人才是主角。憑良心說，小胖並不是最優秀的，但他卻是最想成功、最懂得把握機會的人，於是他扭轉了自己的命運，也讓別人欽羨與嫉妒。

另外一個例子是，某天，我的朋友哀怨地跟我說，她的先生是大學教授，每天回到家後人就像耗盡電量的電池，整個人無精打采眼皮子始終很難睜開，朋友自己也是在某機構擔任行銷講師，夫妻工作性質相同，她很清楚站在講台上講一天課是很辛苦的事，但也不該像老公這般一副行屍走肉的樣子。其實朋友的內心的話是每次熱情邀約老公「炒飯」，老公連「飯桌」也懶得上，眼睛一閉視她如無物。

朋友總是邊磕瓜子邊跟我說她的春閨情事，她從沒問我該怎麼辦，我也從不告訴她該怎麼辦。某一天她帶來一個新話題，說她婆婆有意無意地提到老公是長子，但是膝下猶虛愧對祖先，老人家開口了，說的是兒子講的是媳婦，再笨的人也懂得對號入座，那天她終於問我該怎麼辦？

我一方面鼓勵夫妻倆採中醫調理法，一方面要她花點錢去買一張全自動按摩椅，放在客廳讓老公看電視時坐著。

她彷佛不太相信事情這麼簡單就可以改善，事實上，的確就是這麼簡單。這世間有兩樣東西是絕對珍貴也絕對廉價的，一是空氣，一是氣場能量，人們因為具有呼吸系統的器官，所以能吸納氧氣、排出二氧化碳，而人的身體裡也存在著一個機制，這機制能自動接收外在的氣場能量，我們姑且稱這套機制為「脈輪」。一般的療癒師相信身體接收宇宙能量的機制，潛藏在七輪中的海底輪，它負責接收一切有害或有益的能量，因此把氣場（客廳）布置成對你有利的條件，海底輪一旦接收這股好的氣場，自然會自動傳導到身體的每個脈輪，於內增加身體能量，於外增加個人魅力和事業、錢財和機運。

至於為何要規定把按摩椅放在客廳的東方？因為此處是依照風水計算出來的，風水之說源於陰陽之學，在八卦屬性中，東方代表生命的緣起，接收東方的生命力有助於提振個人的能量，使腎的功能再次活躍，人不僅不易疲勞而且也容易精神百倍。換言之，東方的氣場就好比充電器，因此我才建議朋友藉由按摩椅的震動功能，打開她老公的脈輪，並每天不知不覺地持續接收生命之源。

所謂一理通百理同，**風水之學就是能量之學**，清楚知道自己該接收哪方的能量，依此而往，就能讓人事半功倍。

拉回正題，客廳代表自我的魅力、外在人緣、思考邏輯等等，那麼該如何布置，才能讓客廳呈現出正面的優點呢？就風水學來說，可以參考以下幾種方式：

方法一　按照「八宅法」來布置

可按照第一章所說的「八宅法」，找出自己的「生氣方」（參閱第45頁：東四命／西四命的四吉向和四凶向），接著再按照「生氣方」的方位設置常坐的位置，長久累積吉方能量，對個人的活力和能量亦有增強效果。

方法一 依照「後八卦」來安排位置

老祖先在易學中早已把每個人的位置做好制式安排，其方位如下：

身分	父	母	長男	長女	中男	中女	少男	少女
方位	西北	西南	東方	東南	北方	南方	東北	西方

方法二 按照流年吉祥方位來布置

所謂的「流年吉方」，是按照「紫白飛星」來決定每年不同的吉利方位，因此每年的吉祥方位都不一樣，只要飛到1、6、8的位置便是吉方。

讀友們如果覺得「霧煞煞」，下面列出了以下五年的吉祥方位，各位讀者可以每年按照吉祥方位調整自己家的擺設，換布置之餘也可以順便調整氣場，爲自己家帶來一番新氣象。

二〇一〇至二〇一四年的流年吉方位

二〇一〇年流年吉方位

東南 7	南 3	西南 5
東 6	中央 8	西 1
東北 2	北 4	西北 9

二〇一一年流年吉方位

東南 6	南 2	西南 4
東 5	中央 7	西 9
東北 1	北 3	西北 8

二〇一三年流年吉方位

東南 4	南 9	西南 2
東 3	中央 5	西 7
東北 8	北 1	西北 6

二〇一二年流年吉方位

東南 5	南 1	西南 3
東 4	中央 6	西 8
東北 9	北 2	西北 7

二〇一四年流年吉方位

東南 3	南 8	西南 1
東 2	中央 4	西 6
東北 7	北 9	西北 5

由以上圖表可知，二〇一〇年至二〇一四年的吉方位分別是：

二〇一〇年：住家西方、東方、中央
二〇一一年：住家東北、東南、西北
二〇一二年：住家南方、中央、西方
二〇一三年：住家北方、西北、東北
二〇一四年：住家西南、西方、南方

礙於每個人的客廳空間不盡相同，因此有些人可以用這三這種方法綜合使用，有的人家裡只能選擇其一運用。但萬一自家客廳位置完全不符合上述三項條件之一，又該怎麼辦呢？

客廳風水改造法

這種完全不符合有利條件的客廳，按我的經驗是十家就有八家面臨障礙。通常是找到了好方位擺沙發，但卻無法擺放電視，或是門向的問題無法解決。遇到這種問題時，建議大家不妨在沙發椅下擺一把桃木劍，藉以化戾氣爲祥和。

▼桃木劍化煞法

步驟一　將桃木劍開光，或帶到大廟過爐

桃木劍在使用之前，須請有德老師開光，並以硃砂畫上北斗七星。

如果一時找不到可信的老師，可以拿著桃木劍到大廟，向神明稟明來意，獲得神明同意之後，在香爐上順時鐘繞三圈，再用紅紙貼在劍身。

步驟二 將桃木劍置於沙發椅下

回家後，將桃木劍放置於沙發椅下，放置時間不拘，但一年後要將桃木劍取出，再回到你所祈求的大廟，先答謝一下神明，再將桃木劍燒化即可。

客廳開運的方式，主要是以主人常坐的位置爲主，接著再搭配裝潢的色系來補氣之不足（詳細內容請見第五章）。同時也要注意**客廳的動線應力求流暢，不要放一堆雜七雜八的器物在客廳內，免得自我妨礙前程**。

一些住套房的讀者看到這裡可能要跳腳了，客廳和床如果沒有分隔的話，所謂的客廳又該如何布置？原則上我都會建議客戶挑一房一廳的房子，如果有困難，那麼可以利用一些家具如屏風、衣櫃等，將客廳和臥房區隔開來，再依照上述方式擺一個人見人愛的好運方位。

如果眞的連區隔開來都很難，那麼就請你繼續看下一節，把整個套房當做一個大房間來布置，也能布置出一個屬於自己的招財屋。

第二節 臥室象徵心肝肺：影響體力、企圖心、決斷力

我們都知道心臟是負責將肝臟製造出來的血液，輸送到人體每一個部位的重要器官。如果將人體器官對應在房屋上，那麼**臥室就代表一個人的心肝肺，也代表一個人的體力、企圖、心志**等等。

動物都有求生的本能，動物受傷時，通常會回到自己的巢穴中，等養好傷後再出發。我曾經聽過一個關於老鷹的故事，據說老鷹的壽命長達八十年，但是老鷹在四十歲左右時，羽毛就差不多稀疏了，鷹喙鈍拙，爪子也不再銳利。老化之後的老鷹，唯一的使命就是等待時間的摧殘以致死亡。但大多數的老鷹都不會笨到等死，牠們會飛回懸崖峭壁的巢穴中，用它的鷹喙把全身的毛拔光，再把老化的爪子拔掉，最後再利用尖銳的岩石，將自己的鷹喙磨利，過一段時間之後，爪子和翅膀全長好了，牠便能再度凌空飛翔，展現老鷹雄姿。

爲什麼要舉這個例子？因爲講究風水布局、懂得未雨稠繆的人固然不在少數，但大多數的人都只是亡羊補牢，等到走投無路時，才會想到是不是風水出了問題。

改善住家風水確實有用，但前提是自己必須具備鬥志，不能只是憑空幻想期待奇蹟出現。當一個人不如意時，不但要相信風水的力量，更要有鷹一般的志氣，具備將自己致之死地而後生的決心。不管是動物或是人，都需要一個可以養精蓄銳的地方，才能讓自己準備充足東山再起，這也就是爲什麼我們要利用天體運行的道理，爲自己找到好的方位的原因。

養精蓄銳最關鍵的地方，就是住家的臥室，而臥室最重要的地方則是床位。如果以一個人每天要睡足八小時來看，床無疑是與人體接觸時間最久的地方。因此，**與自己相合的床位不但可以像心肝肺般的為自己製造能量，同時也是提供個人思考、情緒宣洩的地方**，甚至我們也可以將房間比喻爲工廠生產線，所有的想法、計畫、企圖、決策等等的展現，都得經過這道生產作業流程才可以完成。

四年前，住桃園的表姊突然打了一通電話給我，她說她在電視上的命理節目看到我，這樣偶然的機緣才再度把我們斷了十多年的親情再度聯繫起來。

電話中的表姊口氣充滿了失望與悲切，再三詳問後她才吞吞吐吐地說：「我老公瞞著我在外面有女人，已經好多年了，現在終於被我發現了。」我驚呼了一聲，但其實對於這樣的事情已經見怪不怪。或許在執業的這些年裡，屢見不鮮的感情出軌、婚姻觸礁的案子讓我看得已經有點麻木。

撕心裂肺的表姊問我，有沒有什麼方法可以讓那個「狐狸精」離開她老公？不管是作法、放符，只要可以達成她的願望的方法，她都願意嘗試。此時的表姊就像一般遇到家庭問題的婦女一樣，總是把老公的爬牆劈腿，歸咎給那個萬惡不赦的「狐狸精」。只是一個巴掌拍不響，其實問題常常不在那隻狐狸，而是家中的黃鼠狼。但大部分的女人都不明白這道理，無計可施之下就會找我們這種命理師權充法師，想要來個收妖大法。

我跟表姊說，方法是有的，但是作法放符那種事我是肯定不幹的，免得事成之後人家夫妻和好如初，而我卻揹著人家的業力過著悔不當初的日子。我建議表姊來台北一趟，到新莊的地藏庵求地藏王開赦夫妻間的因果業力。大部分的時候用這樣的處理方法，都可獲得滿意的結果，既不勞民也不傷財，事情也可圓滿解決。

與表姊約好相偕去新莊地藏庵的那天早上，還正大夢春秋時，表姊突然打來一通催魂電話。她說上大夜班的表姊夫因爲太累了，一時不愼被機器截去了三根手指頭，此刻正在林口長庚醫院急救。我心想這下可好，劈腿沒了、憎恨沒了、說不定連工作也沒了，而我此時則改爲趕往林口長庚，探視身心俱疲的表姊。

那天很忙，早上八點出發後就一直沒閒過，陪著表姊在醫院裡塡表、繳費、聽醫師預估病情，近中午時醫生說可以出院了，於是又是塡表、繳費、當司機，一路把他們夫妻送回桃園家中。將表姊夫扶上床，稍稍喘過一口氣後，基於多年的職業病，我隱然發現他們的房間似乎有點不對勁。

他們夫妻的房間不是很大，床朝西北方，我一測出這個坐向，心中暗暗驚呼不妙，那一年的「暗箭煞」正好就在西北方。

所謂的「暗箭煞」，是根據當年的「九宮飛星」量出來的結果，書上說：「暗箭傷人最是凶，奇災暗禍來勢凶。」解釋成白話文的意思是，房子的坐向或是床位、竈位（廚房），如果犯了該年的「暗箭煞」，很容易會碰到出乎意料或是突如其來的凶禍，讓人防不勝防。

那一年表姊家就中了兩個「暗箭煞」，一個就在西北方的床位，另一個則是房子的坐向東北方。一般人遇到一個「暗箭煞」就算很倒楣了，她家連中二元只能說倒楣到家。比較常見的「暗箭煞」大都是傷財和傷身，尤其是心臟、血液循環方面的問題，一般人如果不知道預防，通常就很難全身而退，像表姊家就是一個例子。

風水小知識：暗箭煞怎麼看？

「暗箭煞」該怎麼看呢？古書上說，「逢五隔一宮，即是暗箭所在」，這是什麼意思？

在九宮格的飛星數裡，5數被當做不吉利的煞星，我們稱他爲「五黃煞」。不管橫直斜豎，在九宮裡面先找到5的所在位置，隔一個位置就是「暗箭煞」所在。像下圖一中，5在西南位，隔一個位置就是2、7和9，這三個數字就是「暗箭煞」的所在位置。

以下列出二〇一〇年至二〇一四年每年的「暗箭煞」位置，請讀者們務必留意。

二〇一〇年暗箭煞

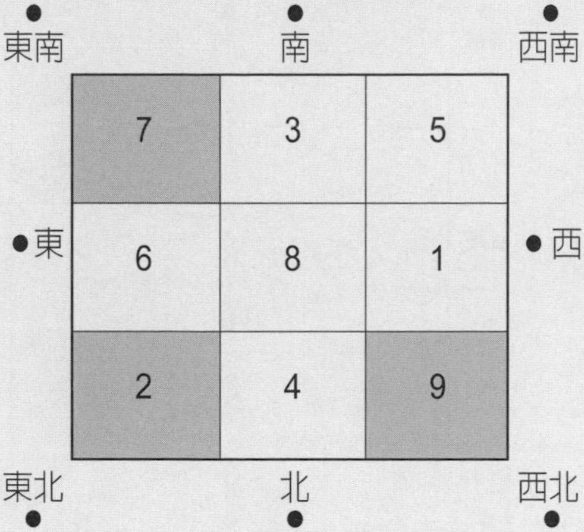

（圖一）

二〇一一年暗箭煞

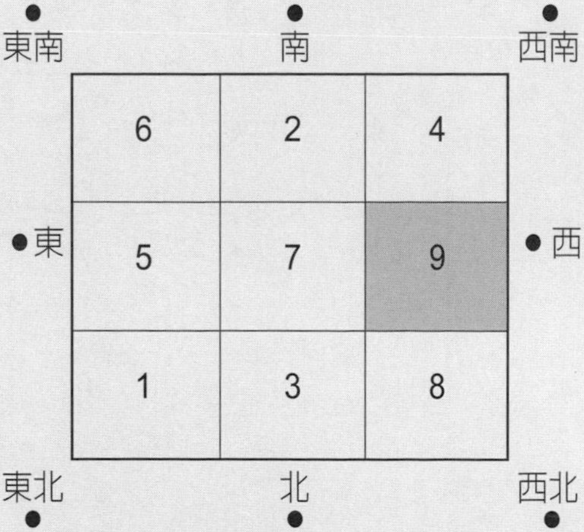

（圖二）

二〇一二年暗箭煞

東南	南	西南
5	1	3
4	6	8
9	2	7
東北	北	西北

（東在左，西在右）

（圖三）

二〇一三年暗箭煞

東南	南	西南
4	9	2
3	5	7
8	1	6
東北	北	西北

（東在左，西在右）

（圖四）

二〇一四年暗箭煞

東南	南	西南
3	8	1
東　2	4	6　西
7	9	5
東北	北	西北

（圖五）

時間	暗箭煞方位
二〇一〇年	東北、西北、東南
二〇一一年	西方
二〇一二年	西南、東北、西北
二〇一三年	無
二〇一四年	西南、東南、東北

每一年飛星的所在位置都不一樣，因此「暗箭煞」的位置也會隨之移動。讀者們如果想知道「暗箭煞」每年的位置，可以參考每年的農民曆第一頁的春牛圖，其中就會有如上圖般的表格。但農民曆上的圖形通常都以圓形呈現，若要方便對照住家方位，不妨轉換爲方形或九宮格來看。

農民曆是一本很實用的生活工具書，裡面的內容大都與風水地理、天候、宗教有關，如果能充分了解農民曆所寫的內容，對日常生活是相當有幫助的。在下一本書中，筆者將會以淺顯易懂的方式，教大家如何充分運用農民曆。

臥室風水改造法

剛剛的案例說的是表姊夫的床位犯了當年的「暗箭煞」，以至於中劍落馬。如果我們遇到這種情形該怎麼辦？其實不難，利用水晶祛煞聚氣即可。

▼水晶柱祛煞聚氣法

水晶是石英礦物的一種，種類和顏色很多，若是要擺放在臥室中抵擋「暗箭煞」，建議各位使用純白無雜質的白水晶，越是無瑕疵、越晶瑩透明的白水晶是越好的。當然如果有經濟上的考量，也不必勉強非得要完美的水晶不可。

步驟1 準備一座沒有裂痕的白水晶柱

水晶是自然界中結構最穩定的物質，它可以輕而易舉地把一種能量轉換成另一種能量。但要特別注意的是，祛除能量的水晶必須呈柱狀，大約是三到四吋的雙橫斷面，表面必須完全無裂痕。這一點很重要，因爲水晶如果有裂痕，能量就可能由此洩出。

步驟2 將水晶柱置於銅盤上，擺放於臥室內

房間猶如一個人的心肝肺，是能量的製造所，因此，要增強房間的能量時，建議可在房間裡擺一座水晶。用一個銅碗或盤，上面鋪滿水晶碎石，將上述的水晶柱豎插於上，水晶的能量就可以立即運作。

步驟3 將水晶柱用被單包覆，置於床上

如果是床位不佳，想祛除負面能量的話，可於出門前將水晶置於床上，以被單包覆藉以吸收負面能量，晚上就寢前再將水晶從床上取出，放回碗內即可。

這是一個很簡單的水晶聚寶盆作法，不但可以透過水晶能量的放射，將整個房間形成一個保護網，同時對個人能量也能提供錦上添花或雪中送炭的功效。

水晶在西方的新世紀療癒範圍中，被廣泛地應用於催眠或能量袪除與補強上。而近來的西方療癒也進一步地發展出水晶光療，那玩意兒就像手電筒似的，鏡面是由天然的水晶製作而成，通電時可以任意選擇不同的顏色使用。如果手上有這種水晶燈，每天打開電源往床上照一照，也能形成如水晶輻射般的效果。但要記得，運用自然界的資源必須持之以恆，想要一試見效的人，那可能要大失所望了。

調整臥室床向和門向

臥室最重要的功能是就是提供休憩，而臥室的優劣與否，則決定於床位的坐向。

讀者最容易產生的問題，就是「床向」。到底是頭朝的方向、還是腳朝的方向才是正確的？簡單來說，頭部的位置是「坐」方，腳的位置是「向」方，也就是說，當你躺下後，你的頭在北方，那麼腳就一定是朝南方，而這個睡覺的位置，就稱為「坐北朝南」。

除了床的位置是首要考量之外，另外還要參考臥房門的門向。因為門向是來路，來路又稱為水路，也就是指進財氣的方向，門向很重要，有時即使床位對了，但門向不對也會帶來許多困擾。

例如一位住杭州的朋友，床位符合他的吉利方，但是門向正好是他的煞方，這位朋友每天忙得天昏地暗，雖然工作上獲得老闆的賞識，但因為門向正好是他的煞方，所以始終就是忙裡忙外卻不見財。

藉冷氣促進氣流循環，用日光燈驅散有害能量

另外，房間如果有窗，也要注意開窗的位置。窗主納氣，在好的方位開窗可以吸納吉氣，對床位的能量增強有輔助性的功能；反之，若是開在不良的位置，那麼也可能弄巧成拙、事倍功半。

古人說「光廳暗房」，**「暗房」並不是指臥室得暗得烏漆嘛黑的，而是要適**

當地阻擋過強的光線進行干擾。因此，如果說客廳必須全亮的話，那麼臥室的光線減少40％是很適當的。而且，「暗房」是指調整光線的明暗，而不是指房間內都不開窗或是索性沒有窗。

有位迷信過了頭的朋友就是這麼做的，他聽信某位大師的話，直接了當地把窗戶完全封死，這下可好，房間內原本流通的氣息這下子完全變成死氣，氣流阻滯不通，不僅人容易生病，也會變得孤僻或是影響運勢，即使床位再好也都沒用，白白糟蹋了一間好房子。

窗戶如果開得不好，可以將窗戶以重新改造的方式，爲窗戶換方向，如果連方向都很難換，就必須在裝潢設計上做點小手腳。例如冷氣空調就是一個很好運用的工具，當房間內氣流阻滯或悶堵時，不妨把冷氣打開，藉著機械的氣流循環，改變室內的溫度和濕度。

另外一種方法，就是在窗櫺上加裝日光燈，藉由光的熱氣，驅散吸納進來的有害氣流能量。

什麼是風水？它就是改變室內溫度與濕度的一種學問，古時候不像現代這麼方便，因此把風水學視爲神祕而艱難的工程。但現代人有燈、有電可以利用，明白了風水的簡單原則，善用現代的工具，改變運勢甚至風生水起，其實也就不再是難事了。

第三節 廁所象徵腸胃：影響健康、思考能力

古時候的人把廁所設在屋外，如廁時就帶著兩張草紙往茅房走去，到底爲何要這麼麻煩的把廁所設在屋外呢？主要是因爲古人認爲廁所藏污納垢，把廁所放在家裡，豈不是搞得一屋子的臭氣？

這是一個很符合環境衛生和風水理論的作法，但是到了物質發達的文明社會，茅坑變成了抽水馬桶，臭味沒了，廁所也就移進來家中，與家人共處一室。

近代的風水學家認爲，廁所是人體排泄穢物的地方，因此主張廁所的位置必須放在房屋的「煞方」，也就是說，如果你是東四命的人（坎、離、震、巽四種命卦人），廁所可以擺在屋內的四煞方：「西、西北、西南、東北」四個方位；如果你是西四命的人（乾、坤、艮、兑四種命卦人）就把廁所擺在「東、

東南、南、北」等四個方位。（如果忘記自己屬於哪一個命卦的人，可翻閱148頁的表格查詢。）

某次我到內壢幫一位客户看房子，郊區地大，客户的房子從外觀看來也蓋得很氣派，不難想像客户經營紡紗織布的生意應該不差。但是會來找風水師，肯定是家裡出了什麼百思不解的難題。

客户自行判斷問題應該是出在樓下的工廠，因此一開始就誤導我參觀了一回他的紡織廠，但繞了三百遍又核對過那年的吉凶方位後，按理說是沒什麼問題的，但是人都來了，不找出個原因來實在覺得很對不起客户，索性提議到他二樓的住家看一下。

一上樓，問題馬上浮現眼前！不知為何，客户竟然把廁所設置在房屋的正中央。更要命的是所有房間都環繞著廁所而建，其中一間作為佛堂且供奉祖先牌位的房間，後面正是那間要命的廁所。

我問客户房子是何時蓋好的，他回答說有六年了，我繼續問他，六年前是不是賺了錢才翻修房子？客户點頭說是，旋即我又問是不是住進來後發現錢財一直留不住？這時客户的老婆忍不住插嘴說，不但沒留住錢，反而錢花得像流水一樣，工廠裡的工人也是接二連三的發生職災，單是賠償醫藥費已經花了近百萬，所以他們才會想找風水師來看看。

說話的同時，客户的媽媽也進來了，老媽媽親切好禮，看上去八十多歲了，身體並不是很硬朗的樣子，眼睛上還戴著眼罩。我問客户他的媽媽眼睛怎麼了，他說媽媽的眼睛一直在發炎流膿，看了好幾個醫生也沒轉好，查問之後，才知道老媽媽的眼睛也是搬進來後的隔年開始發生問題的。

我對客户說，我認爲他家的風水問題並不在於工廠，而是他家中的廁所位置和神明廳。也就是說，客户的工廠、甚至老媽媽的眼疾，與廁所的沖煞都有關聯性。

聽起來很神奇，但沒有錯，這些問題與廁所就算沒有直接關聯性，也必定有間接而來的傷害。因爲客户家中神明廳分別供奉神明和祖先牌位，經過測量後，發現馬桶的位置與神明廳互有一百八十度的對沖關係，再查當年入宅時間，入住後的兩年太歲移位，正好與神明廳產生所謂的「暗箭煞」，因此傷到了媽媽的眼睛。

或許讀者會問，爲什麼只傷媽媽而沒有傷到家裡其他人？一般而言神明屬陽，代表家中的男主人或男性長者，祖先牌位屬陰，代表家中女主人或女性長者，流年煞氣來沖時，就會化成具體事實。媽媽的眼睛受傷，終年受穢氣所感染，因此眼疾一再發作無法痊癒。

那麼，神明屬陽，神明廳受到沖煞爲何沒有傷到家中男主人？那是因爲客户的父親已經過世多年，致使這層傷害轉移到家中錢財的消耗。

綜合以上的原因，我建議客户移除家中的廁所位置，同時重新安奉神明和祖先牌位，後來經客户的回報，祖先牌位安奉好之後，媽媽的眼疾也奇蹟似的消腫並停止流膿。

廁所風水改造法

廁所的位置之於人體就像是消化系統，將多餘的或是人體不需要的物質排出體外。腸胃好的人，排泄順暢，腸道裡不積存廢物，當然就不容易生病；相反地，消化不良的人就容易腸道阻塞，不是拉肚子就是便祕，細菌多，身體也就容易出問題。

其實你不妨把腸胃的消化功能想像成廁所，廁所的位置設得好，就能將房屋不要的穢氣予以排除，使得室內氣流可以流動更新，而且不會導致停滯。試想，水溝、河流如果不動就會發臭，房屋內的氣場如果不動就會變成死氣，長久累積下來，影響所及當然是人的身體和精神判斷力。

現代人把廁所引進屋內，雖說不聞其臭，但是無色無味的氣流，仍然瀰漫於宅內的空間中，只是人的嗅覺無法聞到而已，因此要注意的改善部分如下：

用「艾絨」調理屋內氣場

簡單來說，就是使用室內芳香劑改善家中的氣息。有些人會用精油或其他薰香，但那只是改變嗅覺的味道而已，作爲氣場的調理來說，效力還是不夠的。

筆者建議讀者們不妨用「艾絨」來調理屋內氣場。而所謂的「艾絨」，就是艾草葉攪碎後，就稱做「艾絨」。在傳統中醫的「灸法」中，都是以艾絨來薰蒸人體的穴位，使人氣血流通順暢。

平常如果多用艾絨薰廁所，一來可以消除異味，二來也可以透過艾草散發出來的氣息，改善家中的磁場能量。只是艾絨燃燒時會散發大量的煙氣，所以使用時應斟酌用量。

此外，亦可用檀香油或其他精油做淨化，這幾樣我都試過，還是覺得艾絨的效果較好，也較經濟實惠。

葵花油是最佳的氣場潤滑劑

電視上有個賣腸胃藥的廣告說：「腸胃好，人不老。」廁所如果等同於人體的消化系統，那麼定期或不定期的維護是絕對必要的。通常我會不定期的在馬桶內倒入廉價的葵花油，除此之外，也會將葵花油倒入家中的每一個下水孔，因爲葵花是向陽性植物，具有化陰爲陽的除污功能，不但會減少蟲菌滋生，最重要的是，油類是最佳的氣場潤滑劑，有輔助氣場活躍的功能。

很神奇嗎？其實很多化解風水煞氣的方法就潛藏在我們生活的周遭，每一種物品都有其妙用，端看你懂不懂得聯想或變通，而學習命理風水最大的好處，就是即使當不成大師，也可以多一點生活智慧，必要時還能爲自己化險爲夷。

用遠紅外線燈或鹽燈轉化廁所磁場

我們都知道陽光具有殺菌消毒的功能，但若想把太陽搬進廁所殺菌，卻是萬萬不可能的事情。所幸偉大的科技爲人類發明了遠紅外線燈，這是模擬太陽光的周波製作而成，雖然不是眞正的太陽，但是對於改變家中廁所的磁場已是綽綽有餘。

改變廁所氣場、爲廁所殺菌消毒的方法很簡單，先去買一盞遠紅外線燈，哪裡有賣？請到美髮器材店詢問，他們有賣一種遠紅外線烘乾頭髮又不傷髮質的燈。把這個玩意兒買回家裡後，三不五時就放在廁所裡照個半小時，慢慢地你會發現腸胃消化越來越順暢，接著就會覺得工作或家運有通行無阻的愉悅感。

除了遠紅外線燈之外，還有一個小東西也值得推薦，作爲輔助性工具，那就是鹽燈。據說鹽燈是採自高山岩鹽的結晶礦，以前有位密宗的仁波切師父告訴我，他們在修行或作法會時，都會用喜馬拉雅山上的岩鹽作爲避邪化煞的工具。

八十多歲的老仁波切每當說到岩鹽的妙用時，總是興高采烈手舞足蹈，像個天眞的小孩子般。他說有一次他們到山裡去幫一戶人家驅邪，一到人家家裡開始持咒時，突然間他感覺所有的東西都扭曲傾斜了，甚至覺得家裡的器物彷彿都飄在半空中。此時他們拿出隨身攜帶的岩鹽，往空中灑了一把，剎那間他忽然又回到正常的意識，恍若剛剛只是錯覺一般。老人家說了很多相關的故事，但最後他在台北往生，始終再也無法回去一親他的岩鹽和他的家鄉。

因爲老仁波切的關係，鹽岩在我腦海中一直是個揮之不去的神話。早年無法獲取這種珍貴的岩鹽，直到這幾年總算有台灣商人把它引進台灣，我才有機會一窺它的神祕面目。鹽燈初入台灣時物稀價昂，我忍痛買了一座回家試驗，當燈打開的剎那，很明顯地可以感覺到一股能量隨著光熱，形成無數輪的漩流，在空間中不斷的擴大，就好像小時候看到武俠電影中那個殺人利器「血滴子」一樣。那時的體驗讓我回憶起無數個仁波切的故事，也更懷念遠在佛國的他。

鹽燈是個很不錯的避邪工具，經過我的實際測試，我認爲放在廁所的效果或比放在床頭或客廳要好。但整座的鹽燈有個缺點，台灣夏天褉熱又濕氣重，鹽燈的表面很容易「流汗」，乾涸之後就變成鹽漬，容易弄髒。後來新一代的改良品是整座的岩鹽敲成碎塊，放在透光的容器內，體積縮小了，鹽漬也不見了，我買了幾個放在廁所內當小夜燈，全天候開著，一來增加照明，二來袪除臭氣，三則轉化廁所內的磁場，在效用上個人覺得相當滿意。我現在還會把遠紅外線燈和鹽燈一起使用，在工作上和大部分事務的處理上，干擾變少了，在思考和判斷時也理智多了。

用抽風機排出有害穢氣

最後建議的這個方法很簡單，就是把廁所內的抽風設備二十四小時開著，將廁所內的空氣抽出屋外。有些人家裡的廁所沒有這種設備，可以的話不妨裝一台，若眞的沒辦法，那麼也不妨參考以上幾項改變廁所磁場的辦法，這些都不需要花大錢，但是效果卻是很讓人滿意的。

調整廁所的方位和門向

再回到廁所的坐向問題，依照風水學的理論，廁所的坐向最好是「坐煞向吉」。但問題來了，馬桶的確是用「坐」的沒錯，但這個坐向指的是馬桶？還是廁所門呢？

回溯到當年的茅坑時代，古時候的人可是先有「坑」再有「茅」的，也就是說，古人先確認「坑」的方向，然後爲了遮羞，才在坑的四周蓋起茅屋，免得小屁屁外露。

若把這觀念移轉到現代的廁所，茅坑變成了馬桶，換言之，坐向問題就是當你坐在馬桶上時，你是朝向哪一方？而不是廁所門朝向的那一方。

另外還有一個論點，有些人在安置廁所時，純粹是以方位來看，例如經勘測後家中東北方是煞方，那麼就將廁所放在東北方，此法固然有理，但是流年來時，如果是流年犯東北倒也還好，但如果流年財位方在東北時，錢財運在廁所，肯定會因財事引來無謂糾紛，這又該如何是好？難不成又要請廁所搬家？

筆者從經驗中知道，很多人爲此而苦惱，其實如果早前就已經按本身命格規劃好廁所的位置，就是我們所謂的「本體」，雖然會有流年的吉凶來犯，但只要依上述的方法運用，基本上化險爲夷逢凶化吉都不是很難的事，反倒是應該從這事裡體會到世事多變，好的不會永遠佇留，壞的也不會長久，好壞吉凶總是輪迭交替，運勢好時多行善事，運勢交惡時自有天神庇佑。

雖說**廁所的方位坐向是看馬桶的坐向**，但廁所畢竟是廁所，廁所門如果對著家門或房門，心裡不吉利的感覺還是揮之不去，這裡提供一些改善方法讓大家參考：

方法一　在門與門之間以屏風阻隔

在廁所與其它門之間加一道屏風，最好是從天花板直到小腿的高度最好，這樣的制煞效果會比用三片或四片的屏風好。

而我自己的作法則喜歡在屏風邊上掛著蒜頭或辣椒，一來蒜頭和辣椒有化煞制邪之效，二來是因為個人偏好蒜頭辣椒，覺得有豐衣足食喜氣洋洋的感覺。

方法二　在門上貼「焱」字

將紅紙剪成十元硬幣大小，再以黑筆在紅紙上寫一個「焱」字，然後把紅紙貼在對到廁所門的那扇門的門楣上，如此也有化煞制邪的效果。

第四節 廚房象徵膀胱腎臟：影響精氣、財氣

有人說，男人過四十歲之後就只剩一張嘴，其實這是從中醫的角度來看的。中醫認為男人年過四十之後腎功能就漸次衰退，到最後就只剩一張嘴，只能吹噓自己當年如何意氣風發。其實從另一種角度來看「衰退」，其實也就是缺乏補強的意思。氣用到最後一定會耗損，但是適度的修補則有助於延緩精力老化的現象。

以房子來說，廚房是烹調美食的地方，家庭主婦以巧手做羹湯為全家人提供營養補充體力，而廚房的所在位置如果安置得宜，則可以讓住家採納好氣，補強人身之不足。

若說廚房安置得宜，影響最鉅的是家庭主婦的健康，此話說得一點都沒

錯。話說有次幫客户看風水，客户是賣二手書的，好不容易才在台北市買了一間公寓。他帶我去看房子的時候，内部已經裝修好了，他很得意地說所有的格局配置，都是他從風水書上學來的，每一處都是他的精心安排。

勤奮向學自修自勵當然是很值得鼓勵的事，所以我在幫他「檢驗」時也特別賣力。大體上而言，風水上所謂好的東西，都被他用上了，唯獨廚房的部份被我「抓包」。那一年東南方爲「絕命方」，又符合客户老婆的命格，而他家的廚房正好又落在東南方，我心想：人家都已經裝修好了，若要人家把廚房拆掉移位，不知道人家肯不肯？

念頭才落下，客户便喜孜孜地跟我介紹說，這廚房是他的得意之作，廚房主財，把它安置在東南方的財位上，按風水書上說的就是「財自天上來，堆滿自家門」。我心裡正暗驚，媽呀！我才疏學淺竟然沒讀到這一段，正在暗自汗顏之際，客户又說，他才搬進來月餘，就喜見老婆懷孕，可見他當時的規劃無誤，五子登科是早晚的事。

但我卻不這麼認爲，才搬進來月餘，地氣的運轉最快都得三個月，怎麼可能是讓老婆懷孕的主因？況且老婆都懷孕兩個月了，更加不可能是得自新屋之氣，反而是原來的舊屋比較有可能。

看過房子一遍後，我決定還是避重就輕地跟他聊聊他的得意之作——廚房，我告訴他廚房今年犯「絕命煞」，又是東南方主家中長女位置，因客戶尚有老母，所以老婆需以長女位看待，因此綜合起來，廚房是女主人的江山，江山被流年所沖，那麼老婆的身體就必須要注意了。廚房又主脾、腎、生殖器官，也就是說，老婆在今年較容易有以上器官的病症。

案主笑而不答，似乎不太認同，但我可是盡了職責，各有天命就看個人造化了。

四個月後，客戶打電話給我，說他老婆感冒去醫院看病，意外查出老婆子宮內有一顆瘤，大約四公分左右，醫生無法判斷是良性或是惡性，因此建議將瘤拿掉以免擠壓到胎兒，但是在醫療過程中，瘤拿出來了，胎兒也沒了。他打電話來是想問我，到底問題出在哪裡？當初他看得很仔細，屬於老婆的八卦方位（坤位）西南方並沒有沖到他老婆，怎麼象徵長女位置的東南方沖煞卻讓他老婆發生這樣的意外？

我告訴他，因爲家裡還有老母，所以西南方的母位還是由媽媽坐守，老婆則退守東南方長女位，而那年流年犯沖東南方，所以才會出現憾事。事實上在見面之初就已經誠心告知，只是當時客户滿心以爲他所學無誤，無法將我的話全部聽進去。其實説眞的，即使已從事專業命理師這麼多年，對很多自認有把握的事情，還是會再三的小心驗證。時代的輪替大不相同，觀念性的道理也會隨之改變，一昧的從古書學習卻忽略了客觀的環境因素，眞相大白塵埃落定時，往往讓人不禁悲從中來。

中國古代是個封建制度的社會，以天地君親師定五倫，風水命理的學理也是依此而來，因此，雖然說廚房可以代表女主人的好壞吉凶狀況，但在中國男尊女卑的因素下，女主人也是男主人的「財」。這種說法並沒有鄙視女性的意思，所謂的尊與卑，說的只是在上的天時和在下的地利而已，有時間的流轉加上空間的運作，才有人倫的產生，這就是尊與卑、上與下的觀念，絕非只是字義的表面解釋。

女主人既然爲男主人的「財」，那麼男主人就必須善盡保護之責，使「財」的作用可以發揮到最大的功效。所以有時我們常開玩笑地說，老公是印鈔機而老婆是財庫，老公的運好賺了很多錢，也要老婆的運好才能幫先生守住財，讓這個家庭的經濟資源可以活絡，所以古人說「男主外、女主內」，其實也有一番道理存在。

因此，**廚房重地不但象徵著女主人的身體健康，也直接顯示男主人的財運、財庫是否破漏**。財爲養命之源，等同於人體上的腎爲養命之源，這是一樣的道理，因此，幫廚房安置在住家的吉方，當然是相當重要的事情。

古人作竈以柴生火，因此格外注重「竈」的座向，所以古時候蓋屋安竈就和上樑一樣的重要，都需要挑選吉位、選擇良辰吉日，設案供香以昭神明祈請福佑。

但現代人已用瓦斯爐取代竈爐，在坐向的選擇上，仍然是以「坐煞向吉」的位置爲佳。而在四吉位中，我認爲取「天醫方」會比其他三個方位好，因爲

「天醫方」就如同引擎一樣，當電流啓動時，引擎的能量也會隨之轉動，就好像鮮美可口食物，經過腸胃消化後，提供我們人體所需的能量與活力一樣。因此，不要忽略了古人的智慧，會叫「天醫方」不是隨便取名的，都是經過深思熟慮才能傳唱千古。

廚房風水改造法

所謂「財不露白」，廚房既然是財庫重鎮，當然要小心隱藏免得受人覬覦。有的人事業運很好，但卻發現忙了老半天，始終存不了什麼錢；或是每當錢賺進來還沒放熱，馬上又出了一樁事，口袋的錢拿出來消災還不夠，還得去隔壁王媽媽家張羅一點才能勉強湊數。

當然，造成漏財的原因有很多種，每個人狀況不同，原因不一而足，但最常遇見的風水問題，除了是廚房流年犯沖之外，就是下面幾個原因最爲普遍：

廚房不良風水一：爐位向外，財往外流，入不敷出

什麼是「爐位向外」？「爐位」就是廚房瓦斯爐的位置，如果煮飯燒菜時，你站的方向是面朝屋外、電梯間等，就叫做「爐位向外」，好像是大把大把的鈔票往外倒的感覺。

我個人很喜歡早期的公寓屋，有些公寓的廚房後面就連著後陽台，在陽宅學上，我們將這種房子稱為「財庫有靠」。如果仔細觀察一下，早期住這種房子的人，即使不是大富也是小康之家，生財有道、用錢有度，很少有寅吃卯糧或入不敷出的現象。

解決方法 **更換爐位**

遇到這種「爐位向外」的格局時，如果再加上其他位置也很不良，通常我都會建議案主另覓吉屋入住。但如果爐位不佳但其他格局尚可，那麼不妨轉換爐位即可，通常都可以獲得有效的解決。

廚房不良風水二：開放式廚房，財氣流散，收支失衡

很多人基於節省空間或個人偏好，將原本獨立的廚房空間，打造成與飯廳或客廳連成一體的空間。雖然這樣可以讓室內看起來整潔明亮、格調一致，但在陽宅風水中卻是個有瑕疵的裝潢。

畢竟風水最講究的就是「藏風聚氣」，試想，屋宅內好好的一個財庫位，但卻硬是要做成開放式的廚房，讓必須隱密的財庫失去屏障，使得藏風聚氣的功能驟失，當然財氣也就無法凝聚了。

通常開放式的廚房容易出現哪些問題？首先是女主人精神體力容易渙散，時而感覺疲勞或筋骨痠疼，或是容易因物欲吸引而消耗金錢。這邊要提醒讀者的是，無法凝聚財氣，並不單指賺不到錢，而是指存不到錢，或是容易因多餘的開銷，而使得收支失衡。

解決方法 **將廚房與客廳隔開**

如果空間允許，請讓廚房獨立成一個格局吧！開放式廚房和客廳之間若因裝潢關係無法隔開，起碼也應在兩者間掛上珠簾，以減少氣場能量渙散不聚。

▼廚房不良風水三：廚房門見廁所，易有是非財

廚房是所謂的財庫重鎮，若直接對到代表穢氣的廁所，那麼白花花的鈔票也就變成「臭錢」了。雖然「臭錢」也是錢，但這衍生出來的意義，其實代表住戶在取財的過程中，容易遇到是非口舌的詆毀，或是必須受一肚子鳥氣。不過也別擔心年年如此，主要還得配合房屋的方位先天不良，又碰到後天不利的流年來沖犯，才會發生這種屋漏偏逢連夜雨的事情。

我曾經看過一個案例，因爲廚房門和廁所門相對，造成財務是非官訟長達三年之久，最後將廁所門改在另外一邊之後，才使得這場無妄之災漸漸平息。但是憑良心說，造成官司連迭的原因，廚房門和廁所門相對固然是原因之一，但

他本身的運勢在那幾年中也犯了官非，所以廁所改了門向之後，他的官非運勢也剛好走到尾聲，兩相結合最後才化險爲夷。

這件事給我一個啓示，每個人都想求好運，以爲改變風水之後，好運就會馬上從天降臨。其實每一件事情產生的結果，都是由好幾個原因造成的。當一個人走運時，他所住的必定是好房子，身邊出現的也都是可以幫助他的貴人；但當他在走厄運的時候，身邊的人幾乎都是來找他麻煩的，所住的房子也會出現諸多不利因素。所以我們不管是以改造風水以求好運，或是用各種方法提升運勢之時，別忘了平日多與人修善，這才是眞正改善命運的不二法門。

解決方法　**加強抽風，或以門簾阻隔**

如果廁所門對廚房門時，不妨按本章第三節所說的方法，先將廁所的廢棄排除，然後再用簡便法在廁所門上掛一塊布簾作爲區隔，也是阻擋氣流外散的一種方式。

廚房不良風水四：從大門可直窺「廚房三寶」，錢財容易被劫

很多命理專家都認爲從住家大門可直窺房門，是錢財露白的一種沖煞。但以我多年經驗累積，進家門後直接可以看到「廚房三寶」，那就要小心錢財有被劫的危險了。

所謂的「廚房三寶」是指：瓦斯爐、冰箱、水龍頭。這三樣東西都主財，直沖家門就構成所謂的「財寶被劫」。通常住家有這樣格局的人要特別小心錢財不要借人，否則通常是有去無回。另外也要注意人身意外，這種直穿煞通常很容易發生在四肢的意外傷害上。

解決方法 **將「廚房三寶」移位，並隨時關門**

化解的方法不外是將「廚房三寶」移位，使它們不再正對大門，或者平常進出廚房要記得隨時關門，防止穿煞損傷。

第三章

找出屋宅的心臟，把好家變成聚寶盆

- 尋找家宅的守護神——天心位
- 找到自家的天心位
- 引「天氣」進門，轉動財運
- 天心位對家中各部位的影響

對人體來說，心臟無疑是人體最重要的器官，也是一個人生存、提供養分最主要的來源。同樣地，房屋也有心臟，而此處也是房屋最關鍵的位置，這就是「天心位」。

「天心位」就像一個人的心臟，一顆代表天心位的心臟大約可以用二十年，心臟老化後必須汰舊換新，以去除老化的氣、接取新的氣，使房子的氣場可以煥然一新，這就是所謂的「換天心」。

「換天心」主要的功能，是提升錢財和事業上的幫助，但是對於其他方面的補強也是非常具有效力的。古時候的人都住平房，所以換天心位是很簡單的事，只要在適當的時間，在屋頂上敲一個洞，就可以把天光引進宅內，促使屋宅運轉新機。不過因爲時代演進，現代人大多住在大樓中，想把屋頂敲一個洞，無異是想把別人家給毀了，所以，引天心的方式也必須稍作改良，才能迎合時代的需要。

那麼，什麼樣的房子必須改換天心？一種是屋齡過老的，像台北市現在很多老公寓高齡都在三十年以上，甚至還有四、五十年的，住在其中的住戶可能覺得很奇怪，老爸老媽媽住在這裡的時候家宅榮昌，老爸連年高升老媽人比花嬌，爲什麼房子一交到兒子或孫子手上時，卻每況愈下，完全不是那麼一回事了？明明是抱著長輩美好的憧憬住進來的，但爲什麼就是無法接續良緣？答案其實很簡單，那就是這房子的心臟老了，該重新換一顆「天心」了。

另外一種情形就是房子在起造時，剛好介於交運期。例如房子建造好之後還有三年就該交接到下一元運，因此住進來的時候感覺還事事順心，但住個幾年就力不從心了，仔細究其原因，常常是天心位出了狀況。因此。不要以爲世間所有的事都是一成不變的，天候有時陰有時晴，地域有時開路有時鑿河，人間萬事萬物無時無刻都不在變化，所以才說：「三十年河東、三十年河西」，風水輪流轉這句話一點都不假。

現在有很多人特別喜歡改建裝修老房子，一方面是舊屋價錢低於新屋，另一方面是舊屋沒有容積率和公共設施的問題，所以坪數實在甚至完全沒有虛坪。尤其台北房子貴得驚人，公設比例也高得讓人咋舌，所以，許多人就寧願買舊屋加以改建，也不想把白花花的鈔票花在公設上面。

與我經常有合作關係的老徐就是這種個性的人，他手上賣出的豪宅不計其數，但他唯獨鍾愛老式公寓。在未認識他之前，他就在台北東區買了兩戶公寓，打通後將近百坪，由於老徐從事地產買賣的關係，他認識很多風水老師，因此在裝修之前就彙集了所有老師的意見，信心滿滿地擇日開工，兩個月後開開心心地舉家遷入。據他所說，當時他意氣風發，家裡用的全是進口材料和家具，總價加一加和他的屋價相差無幾，不知羨煞多少身邊的朋友。

二〇〇八年時我在上海認識老徐，他透過朋友來找我看命盤，那時的他四十多歲，看起來卻似已歷盡滄桑一樣，言談間才知道他來上海之前，在臺灣的房地產事業做得有聲有色，最顛峰的時候是在北投一帶購地建蓋溫泉養生豪宅，但最後卻在一夜之間，被合夥人聯手將他的財產侵佔。原本富甲一方的他此時負債累累，最後棄守台北江山來上海重頭來過。

回首前塵往事，老徐心裡感觸頗深，雖然他是個生意人，但他也有很虔誠的宗教信仰，對於過去的那些事，老徐將它歸咎於因果業力，現在的他自言已經全部放下並釋懷，即使仍然身背天文數字的債務，但已不若當年那麼憤憤不滿。

雖然言談間可以感覺老徐的企圖心已不若當年，但看過他的命盤之後，我卻認爲他有東山再起的機會。四個月後我回台北，深秋的台北已有些涼意，我打電話給他，他堅持要到機場來接我，然後我們一起去吃飯，飯後我更主動要求去他家喝杯茶。老徐用老公寓改裝的百坪豪宅，現在看來有些老舊，大概是老徐在上海偶爾才回來，而老婆小孩都已移居澳洲的關係，人蕭條了，房子看起來也寂寞許多。

一邊喝著茶，老徐一邊滔滔不絕地說著當年他如何買下這棟房子，眼尾嘴角仍然透露出當年意氣風發的豪邁，我則因職業病使然，腦海裡不住打轉的是剛剛四處走看的屋內景象：房子的坐向是對的，財位也沒有破，那幾年的流年也沒有沖剋到房子的任何地方，是什麼原因會造成老徐兵敗如山倒的厄運？這房子正在考驗我的專業和腦力。

後來我開始回想老徐的命盤，他是二〇〇四年交接大運，未來的十年大運是他人生中極大的考驗，也就是說在二〇〇四年以前他仍然在走好運，因此才會在二〇〇二年以溫泉豪宅創出佳績。接著，我又把時間縮到二〇〇三至二〇〇四年之間，但仍找不出任何可能的線索，突然間腦中一道靈感閃過，二〇〇四年不就是元運交換年？難道是三元交運所造成的衝擊？

想及至此，我要他把房屋地契拿出來看一看，房屋的起造日期是一九七六年，也就是說，此屋在中元六運時建造，當時的「天心位」在西北方，與這房屋的坐向吻合，因此在往後二十年間發旺屋宅。二十年後，中元六運一走完，交接到七運時就開始進入下坡狀態了。

老徐是做地產的，當我分析這間房屋的身世時，他也跟著附和說：「是啊，在過去那十多年中，這房子一直是投資客的搶手標的物。」轉來轉去不知過了幾手，他買下此屋也是向一位投資客買的，那位投資客買下不久就因資金出現斷層，不得不認賠殺出，老徐當時還一度高興自己撿到了便宜貨，沒想到便宜沒撈到，自己反而成了最後一隻白老鼠。

勘測陽宅就像醫生在診斷患者一樣，患者先說出自己的病狀，醫生則根據自己的經驗，兩相配合找出對症下藥的處方。不同的是醫生用對藥，可能當天或數天後見效，但是陽宅診斷就無法立刻看到成效，有時需要最少三個月的時間才能驗證效果。不過對於已經在發生中的事實，有時還是可以先發生止血的療效，使得厄運不至於再繼續發生，而讓案主有時間先喘口氣。

老徐是二〇〇四年交運，而那一年正是天運流轉到八運的時間點，也就是說，這間房子經過四十年的風光之後，即將在二〇〇四年走入運勢潛伏期。命運有時是一場惡意的玩笑，交厄運的老徐住進交厄運的房子，所造成的結果是老徐的事業一夕瓦解，妻兒遠居澳洲而他獨奔大陸，他在臺灣唯一留下的這間房子，彷佛是老天爺特地幫他保留的唯一證據，解釋了這些年來他南征北討的所有滄桑。

老徐說這些年他看開了很多，所謂富貴名利不過是浮雲一場，所以他學會了放下，但他並沒有眞的完全放下，否則他不會在知道「病因」之後，接著馬上問：「該怎麼處理？」如果他眞的放下了，我是不會告訴他該用什麼方法處理的，這就像重新點燃一個近乎修行者的心性，對我來說也就變成了罪業。對一般人來說，放下只是一種無奈的選擇，一旦再次見到曙光，誰不希望自己能夠再和命運一搏？那晚，坐在我面前的老徐並沒把這些話說出口，但以我的經驗和他眼中閃爍的光芒，這事實再明顯不過。

和老徐一夜長談後，他決定試試我告訴他的入「天心位」的方法，他還有感而發的說，他現在在杭州做地產開發，如果案子可以順利進行，他要將所得百分之八十捐獻給他的宗教，自己僅留下百分之二十作爲事業上的投資。在大陸做房地產利潤很高，如果老徐眞能言出必行，我就不得不敬佩他是釋迦牟尼第二了，想當年釋迦牟尼放下的可是他的江山呢！人人都想成佛，眞的如釋迦牟尼一樣，可以揮一揮衣袖的人又有幾個呢？

我是做不到的，就把希望託付給老徐了。

二〇〇九年末，也就是老徐的房子入天心後的十四個月，老徐在杭州的地產據說銷售非常順利，而他竟果眞依言捐出百分之八十的收入給他的宗教。現在的老徐又到安徽去了，一樣是做房地產，但他每兩、三個月就回台北的家中「補氣」，補足了再又回到中國來。他說他很滿意現在的生活，他打算再做幾年，然後也學人家在中國幾個落後的地區建蓋小學，壽命終有盡，而生命會因精神而萬古千秋，老徐就是懂得這道理的人。

第一節

尋找家宅的守護神——天心位

天心位就像人體的心臟部位一樣，房子的心臟每二十年就要換一顆新的，在「三元派」的風水理論中，有一套詳細的時間分類法，被避免讀者們看了就想睡覺，因此筆者直接整理出表格來，讀者直接參照即可。

天心運的交替

天心運有好幾種分法，比較常用的是「元運天心」和「流年天心」，天運一百八十年，分為三元九運，每元各管六十年，每運各掌二十年。例如二〇一〇年就是屬於下元八運，讀者們對照下表即可一目了然。

三元九運的時間

上元運	一白運	西元一八六四年～西元一八八三年
	二黑運	西元一八八四年～西元一九〇三年
	三碧運	西元一九〇四年～西元一九二三年
中元運	四綠運	西元一九二四年～西元一九四三年
	五黃運	西元一九四四年～西元一九六三年
	六白運	西元一九六四年～西元一九八三年
下元運	七赤運	西元一九八四年～西元二〇〇三年
	八白運	西元二〇〇四年～西元二〇二三年
	九紫運	西元二〇二四年～西元二〇四三年

這個表看起來一個頭兩個大，其實在這本書裡面，並沒有打算把這些深奧的東西告訴大家，大家只要瞭解現在的天運是下元八運，由左輔星掌理天心運即可。一般算這種三元九運大都是推算國運或是尋地修墳，而希望透過住家陽宅

求富求貴的我們，只要知道**從西元二〇〇四年到二〇二三年是走「八運」**就夠了，因爲只要把八運的的天心運接進家中，就可以把自家打造成可以聚財的聚寶盆風水了。

另一種是「流年天心」，要查流年天心很容易，翻開農民曆的第一頁，上面有畫一個圓形圖，找出中間太極位置所標的數字，就可以知道今年的天心運是幾號了。例如，今年是二〇一〇年，太極位上寫著「八白」，代表今年的天心位就是八白，接下來要做的就是學會如何把八白的天心氣引進來即可。

第二節 找到自家的天心位

「天心位」是房屋的心臟，重要性不言可喻，因此本節還是要告訴大家怎麼推算天心位，雖然有點小難度，但筆者擔心讀者們知其然而不知其所以然，在布置居家聚寶盆時，出現一些掛一漏萬的瑕疵，因此，請各位讀者多一點耐心，不妨投資一點點的時間成本，讓自己對風水的內涵能夠有所提升，未來不管對自己或是朋友家人，起碼也都有一些參考的依據，更可避免道聽塗說莫衷一是。

元運天心的推算

二〇〇四年到二〇二三年的元運天心是由八運「左輔星」當值，左輔星又名紫微星，是北斗七星的第一顆星，又稱爲北帝星，原本據守東北方，因爲天運輪値的關係，二〇〇四年到二〇二三年調守至中央（請參考下表「二〇一〇年紫白飛星」），所謂新官上任先顧自家人，走馬上任後當然會先回饋鄉親故里，例如李登輝先生當上總統之後，回饋家鄉父老的就是一條筆直寬闊的登輝大道，天理、人理皆同，「左輔星」走到中央之後，第一個回饋的也是它東北的兄弟父老。

因此就空間而言，大到世界上東北方的國家、或是某個區域內的東北方，都可以稱爲當運之區。例如中國的東北各

二〇一〇年紫白飛星圖

東南	南	西南
7	3	5
東 6	8	1 西
2	4	9
東北	北	西北

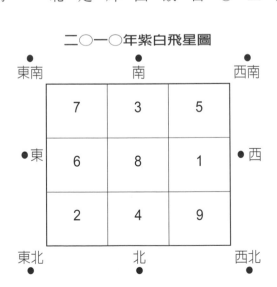

省、朝鮮、蒙古、西伯利亞、日本北海道，這些都屬於當運之區。如果以台灣而言，台灣的東北部：台北、基隆、宜蘭、花蓮等地在這二十年中都將不斷的開發。如果以台北市而言，台北市的東北方位就是南港、內湖一帶，這幾年南港文化中心、高鐵、捷運的延伸，使得這幾個地方不斷地趨向繁榮，也帶動房價節節高升。

但要注意的是，從概念上來說，二〇〇四年到二〇二三年的「元運天心」，在大方向和小範圍上都可以泛指東北方，雖然家中東北方也是吉方旺位的說法可以因此而成立，但是以「氣從八方」的能量學來看，這種能量的助益是流動的、不穩定的。畢竟**「元運天心」主掌大方向的位置，「流年天心」主掌小範圍的格局**，所以如果要購屋時，區域的選擇和地段的選擇，主要得參考「元運天心」，而二〇〇四年到二〇二三年則不妨可以考慮東北方。

至於家中東北方的位置，還是會受到流年與元運的影響，只是流年的影響性會大於元運的影響性。但是「元運」的影響也不可忽視，家中東北方在這二十年間，仍應以保持乾淨、清爽、通風為宜，以確保「元運」和「流年」同時照臨東北時，可以助長吉運能量。只是如果住家東北方正好是廁所，那麼就得想辦法好好布置和改造了。

因此在陽宅風水學中，對於「天運天心」，我們要注意的並不是它在哪個地方發威，而是得先了了解這顆值星「左輔星」的特質，並將它轉化為有利於我們個人錢財、事業、工作、人際等等的「好心臟」。

二〇〇四～二〇二三年旺氣在東北方

在方位上來說，「左輔星」掌管東北方，二〇〇四年到二〇二三年進入中央位置，就代表東北方的氣被激活了，術語上稱為「旺氣」，就是當旺之氣的意思。在本質上來說，「左輔星」也稱為紫微星，好像眾文武大臣搬師回朝，皇帝高坐紫禁城論功行賞，因此也有人說走天心八運時就好像種瓜得瓜、種豆得豆一樣，凡事有因就有果，在這二十年中，也是因果應驗的年代。

九星之中，左輔星也是屬於三白吉星之一（三白吉星分別是：一白貪狼星、六白武曲星、八白左輔星），不管「元運天心」或是「流年天心」是哪一顆星

二〇一〇年紫白飛星圖

	東南	南	西南	
	7	3	5	
東	6	8	1	西
	2	4	9	
	東北	北	西北	

當值，只要能夠找到這三白吉星照臨的地方，對於陽宅　的能量增強或個人的財運增強等等，都有很大的輔助效果。

從上圖中可以看到二〇〇四年到二〇二三年的1、6、8三吉星分列在東西線上，從位置上來說，東方屬六白星管轄，西方屬一白星管轄，而八白星鎮守中央（也即所謂的天心），所以這二十年可以說「東西大利」。如果對照住家的氣場，則以東方和西方的吉氣能量最強，如果家中的東方正好是房間，就能引收有益的能量有助於自身發展；但如果東方正好是廁所那又該怎辦？那麼就需用導引法，或者再找出流年天心予以制化或回避，有關「接天心」和「制化」的部份，下一章中將會有說明。

流年天心的推算

「元運天心」是指每二十年一次的駐守中央的值星轉換，「流年天心」則是指每年一次的輪星轉換，任期只有一年，到了來年就由新的星官上任。卸任的星官我們用「退氣」來比喻，意思是說，任職一年已經耗盡精氣，必須隱退補充能量，爲九年後的輪值再做努力。而新上任的星官，我們以「旺氣」做比喻，表示經過九年的養精蓄銳，終於媳婦熬成婆，要在屬於他的舞臺上一展長才。

其實人生也是如此，很多人不懂自己爲何失敗、爲何老是遇到挫折？如果想想這些值星官，它們並非無時無刻都能發揮能量，而是輪到它當主角時，他就全力扮演主角的角色，但該他隱退時，它也會按照宇宙的規律掩去它的光芒。

人們在遇到失敗或挫折時，如果也能虛心的接受，積極地爲未來做準備，那麼不愉快的經驗就會變成有價值的人生歷練。

流年天心的轉換並不是從新年的一月一日馬上開始，而是在前一年的年底就開始進行交接。例如二〇一一年的天心位，是從二〇一〇年的農曆十一月份開始進行，這是當值的運星慢慢退出，而新的運星則慢慢介入，經過兩個月的交接，到來年的農曆正月才算眞正宣示就職。

比較正確的說法應該是按照節氣的，農曆的正月應該說成「立春」才對，但因考慮到現代人對節氣很陌生，因此以月份說明讓讀者們有一點基本的認識。當然，若是稍有點干支基礎的人，就可以用立春的節氣概念來看待月份。

爲什麼天心交接是在每年的十一月份？因爲**氣的運行和交接都需要過度時間**，例如要接二〇一一年的「天心氣」，就必須在二〇一〇年的農曆十一月開始布置，這就像是過年前必須要大掃除，除舊布新一樣，提先做好準備，才能順利接引好氣。

「流年天心」的推算可以直接翻看農民曆，每年農民曆的第一頁上一定會有一張春牛圖，並且附上一張圓形的圖。只要把圓形圖改成九宮格，就可以很清楚地知道當年的九星分布了，當然也可以很清楚地找到「天心位」。每一年年底時我都會去買一本下一年的農民曆，以便對照明年度的「天心位」，找出1、6、8三白吉星予以調整自家格局。

「元運天心」主掌大方向的位置，「流年天心」主掌小範圍的格局，想要順利接引「天氣」，就必須充分結合，才能發揮最大效能。以下章節便教讀者們接引「天氣」，依照步驟進行，便能順利引動住家旺氣。

第三節

引「天氣」進門，轉動財運

接天心的意思就是接「天氣」來引動「地氣」，將有助於人的氣迅速運轉，並讓有害於人的氣逐漸消停。一般而言，「天心氣」如果能接進家中，就算家中的地氣受流年所剋，以致健康、事業、財運、感情等受損，也能因天心氣場到位，而將傷害降至最低。

既然說到「天氣」和「地氣」，在此就稍微解說一下。「地氣」是指東西南北等方位，「天氣」則是指天候或時間，不同的時間會在不同的位置產生吉凶好壞的效應，主要原因還是「進氣」與「退氣」的問題。

人存活於空氣與光之中，就好像魚生活在水裡，一切都很自然而沒有感覺出它的存在，但是空氣之於人就像水之於魚一樣，都是不可或缺的，這兩樣東西緊密維持著生命的機能。

但是另有一樣東西卻維繫著生命過程中的悲與喜、苦與樂、幸與不幸，那就是光的運作。「光」能決定生命的養成時機，臺灣是水果王國，最膾炙人口的產地是在台東，主要原因是那兒的光能最強，植物的成長比其他地區都要快，每年荔枝成熟時，都是由台東的產地先上市，接著才是嘉南平原的荔枝陸續上市，這就說明光能的作用是沿著光線延伸的時間逐次進行。而接天心也是如此，知道了宇宙氣場的位置，就要把握關鍵時機，接納宇宙最美好的恩典。

如何接引「元運天心」

前面提到過，目前的「元運天心」，指的就是西元二〇〇四年到二〇二三年的「八白運」。古時候接「元運天心」或是二十年到期了想為老房子換天心，有經驗的風水師父大都是選擇良辰吉日，大設祭壇召請天兵神將，手撚法指腳踢魁罡，舞刀弄劍口唸咒語振振有詞，然後在天心位置鑿破屋頂，迎請天光入宅，這就是「轉換天心」。

大陸很多百年老宅都是用這種方式使老宅重生，但不可諱言的是，古時候的老前輩畢竟專業度要比現代人精深很多，他們以前在爲大戶人家造宅時，每一次開天心都是一次接六十年，也就是一次便接了一甲子。所以大陸現存很多座的老宅子，如果有興趣查一下宅院的起造時間，屋齡至今往往都超過一百八十年，甚至更久，原因就是古代的風水師多以六十年爲一個天心單位。

但爲什麼現代人的專業大不如前呢？原因有二：一是古時會造大宅院的大戶人家畢竟不多，風水師空有一身好本領，但可以發揮的舞臺畢竟有限，致使這門接天心的方法在曲高和寡之下，逐漸式微失傳。另一個原因，就是現代人大多居住在大樓裡，誰敢大膽爬上頂樓去挖個洞？即使眞的鑿了個洞，也不見得就眞的旺到自己家來，所以人們居住習慣性的改變，也使得這套方法被時代淘汰。

不過我在參閱古籍時，時不時就會看到「換天心」這三個字出現在不同的作者所寫的書裡，但是大都附帶一提或只是寥寥幾字，讓人看了心生好奇卻又無從追考。可見得轉換元運天心的祕密，在古時候的確被掌握在少數人的手裡。

有了這個想法之後。我開始尋找古籍，試圖想要找出關於「換天心」的蛛絲馬跡，後來又在一些宗教典籍中找到一些資料，慢慢地才開始體會出「天人合一」的道理。我歸納出四個缺一不可的方向：尊天、崇地、敬祖、孝親。

從「補元運、接天心」的角度來看，這四個方向並非單只是字面上的意義而已，姑且把它當作四種力量來看。接換天心就是要從「尊天」的能量來迎取，在過去幾年中我以實務經驗來操作，也獲得很好的效果，因此認定轉換天心是每一座房子，在經過漫長歲月的洗煉後，可以老屋起新運、汰舊換新的有效方法之一。

以二〇〇四年至二〇二三年的元運天心「八運星」當運來說，首先必須先瞭解「八運星」的各種特性：

「八運星」爲「左輔星」，又名「天皇星」，白色，居東北位。其特性爲仁德、慈悲、堅毅、剛強不屈。

要接八運「左輔星」，需先找出「天心日」。一年之中會有五個「天心日」，意指在這五天中，星體的能量與地球間的距離最近，可以有效的擷取該能量爲人們使用。

在道教的齋醮儀式中，則把這「五天心日」稱爲「五臘日」，意思是說統管天上人間的五位天帝，在一年中有五天要舉辦「高峰會議」，道教則在這五天設壇齋醮向老天祈福。

每一年的「五天心日」時間是固定的，都是採農曆記日，所以我們只要翻翻農民曆就可以找到了。

五天心日

農曆正月一日	天元心	代表能量發射的日子
農曆五月五日	地元心	代表地心接收能量的日子
農曆七月七日	福元心	代表發動能量的日子

農曆十月一日	仁德心	代表事業能量發動的日子
農曆十二月八日	食祿心	代表財運能量發動的日子

▼「接天心」的準備和步驟

找到「五天心日」之後，就可開始著手準備材料，以及進行「接天心」的步驟了。

準備物品

1. 案桌一張（摺疊桌也行）。
2. 小鐵錘一把，並在柄端用紅絲線繞三圈。
3. 五果（五種水果，數量不拘）。
4. 紅蠟燭一對（以能點十二小時爲佳）。
5. 六炷香、三杯茶葉（拜拜的酒杯，裡面放茶葉即可）。

步驟1 晚上十一點前擺好供品，焚香祈求

例如我用「福元心」七月七日接天心，那麼在七月六日的晚上十一點之前，準備好以上物品，將案桌擺在家中東北方（二○○四年至二○二三年的天心位在東北方），一切就緒後，等到晚上十一點十五分過後，點上蠟燭和香，向天朝拜，口中要念：

天地玄黃宇宙毫光，運星發動唯我天皇，蟻民○○○（請報上大名）持香拜請五帝天心入宅鎮座，天德巍巍佑我宅康人寧，裡外和諧吉泰安祥。

念完後將香插於香爐上，此時就可以去舒舒服服地睡上一覺，等到隔天中午十一點十五分時，再點三炷香，並再重複一次上述祈求內容。

唸完第二次，並等香燃至一半時，拿起鐵錘在東北方的位置，在地上或牆上敲三下（強度以不敲破地板和牆壁爲原則），意味著開鑿天心大功告成。

步驟2 淨化水晶，置於天心位東北方上

如果家裡有水晶洞，此時也可以拿來利用一下。

先將水晶淨化，在鑿完天心後，再將水晶放在該位置上，不但可以累積能量，也可讓自己的家中多一個財位出來。很多人一時興起買了水晶，沒多久就把它丟到倉庫裡，這是很可惜的！水晶是自然界裡累積能量最快的礦石，如果能妥善利用，水晶也能發揮小兵立大功之效。

「接天心」的方法看似簡單，其實是跟拜拜一樣「心誠則靈」（詳見拙作《這樣拜才有效》），心念動了，宇宙能量（靈）也會隨之而動，你有多渴望（誠）力量就會有多大，

另外，也有人會選在一年之中的「四立日」來接天心，也就是「立春」、「立夏」、「立秋」、「立冬」四日。但因牽涉的工程較大，很難在書上提及，因此只介紹「五天心日」，讓讀者可以方便進行。因爲元運天心二十年交換一次，以上的方法如果可以熟能生巧，至少在二〇二三年以前絕對是可以穩住天心，讓家門吉昌。若到了二〇二四年下元九運時，則可用相同的方式再做

一次，不同的地方在於二〇二四年後的「天心位」在南方而已。

如何接引「流年天心」

所謂「流年天心」，就是指每一年變動的「天心位」，有人稱它爲財庫，但我認爲它應該叫「印鈔機」會比較貼切。

如果「元運天心」是能源，那麼「流年天心」就是一部足堪使用一年的印超機。而找到「流年天心位」，就如同得到一部三百六十五天永不磨損還外加保固的印超機。

有些同行前輩喜歡用一些物品來鞏固「天心位」，而我個人比較喜歡且覺得更有效果的，還是運用宗教方式，將能量接引入宅。因爲我覺得人心的能量能與宇宙能量等量齊觀，單方面的擺設物件只是接引，卻缺少發動的步驟，唯有人心才能引動天心。

「流年天心位」和「元運天心位」的引導法有些不同，流年天心要接的不

東四命人吉凶方位

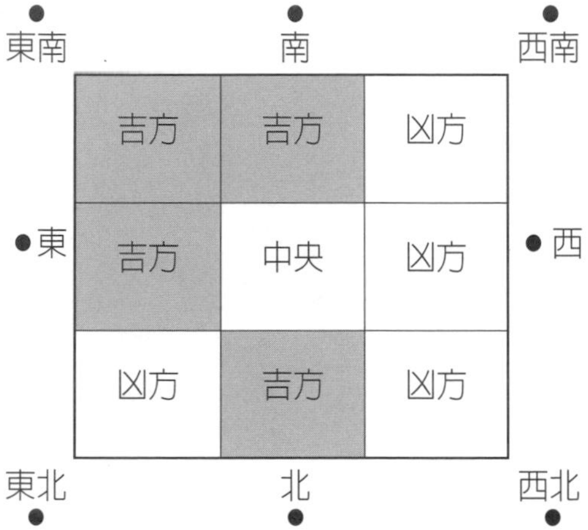

是太極點，而是尋找三名主力戰將，也就是前面提到的1、6、8三吉星；貪狼、武曲和左輔三顆運星。

首先，請比對你的宅命。此時將你的宅命盤拿出來（或對照第148頁表格：民國年次命卦數，找出自己是哪一種宅命的人），不管你是東四命或是西四命，均將當年的1、6、8星的位置套入你的宅命盤內。舉例來說：

我是東四命人，四吉位是：北方、南方、東方、東南，四凶位是：西方、西北、西南、東北。

二〇一〇年流年元運

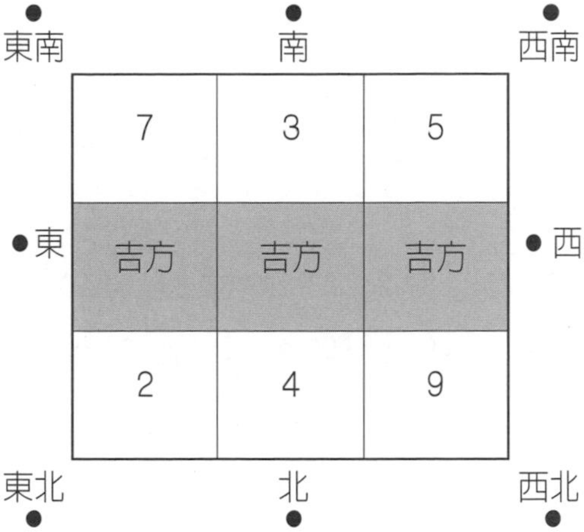

二〇一〇年流年元運1吉星在西方，6吉星在東方，8吉星在中央。也就是說，1吉星進入我的凶位，但得吉星之助，可以壓制不好的凶氣；6星在東，吉星入我的有利方位，這時就必須想辦法加速引動6吉星的能量，幫助我催動屋內吉氣；而8星落在中間的中央，住家的中心點是輻射擴散的領域，因此只要保持住家中央的流暢性和通風性，就能很自然的將能量運轉起來。

民國年次命卦數

	東四命				西四命			
命卦	1 坎宅命	9 離宅命	3 震宅命	4 巽宅命	6 乾宅命	2 坤宅命	8 艮宅命	7 兌宅命
女（民國年次）	21、30、39、48、57、66、75、84、93	20、29、38、47、56、65、74、83、92	23、32、41、50、59、68、77、86、95	24、33、42、51、60、69、78、87、96	26、35、44、53、62、71、80、89、98	22、31、40、49、58、67、76、85、94	25、28、34、37、43、46、52、55、61、64、70、73、79、82、88、91、97、100	27、36、45、54、63、72、81、90、99
男（民國年次）	25、34、43、52、61、70、79、88、97	26、35、44、53、62、71、80、89、98	23、32、41、50、59、68、77、86、95	22、31、40、49、58、67、76、85、94	20、29、38、47、56、65、74、83、92	21、24、30、33、39、42、48、51、57、60、66、69、75、78、84、87、93、96	27、36、45、54、63、72、81、90、99	28、37、46、55、64、73、82、91、100

東四命/西四命的四吉方和四凶方

命卦	宅命	四吉方				四凶方			
		生氣	延年	天醫	伏命	絕命	五鬼	禍患	六煞
東四命	坎卦命 1	東南	南	東	北	西南	東北	西	西北
	離卦命 9	東	北	東南	南	西北	西	東北	西南
	震卦命 3	南	東南	北	東	西	西北	西南	東北
	巽卦命 4	北	東	南	東南	東北	西南	西北	西
西四命	乾卦命 6	西	西南	東北	西北	南	東	東南	北
	坤卦命 2	東北	西北	西	西南	北	東南	東	南
	艮卦命 8	西南	西	西北	東北	東南	北	南	東
	兌卦命 7	西北	東北	西南	西	東	南	北	東南

引動「1、6、8」三吉星的方法

引動1、6、8三吉星能量的方法有很多種，這裡舉出比較簡單的方式如下：

引動1吉星的方法

位置

流年吉星是每年更動的，二〇一〇年1吉星在西方。以下五年1吉星的位置如下：

年次	二〇一〇年	二〇一一年	二〇一二年	二〇一三年	二〇一四年
1吉星位置	西方	東北方	南方	北方	西南方

方法

依照每年1吉星的位置不同，在1吉星所在位置擺設室內綠色盆栽，以長青常綠的闊葉植物爲主，例如綠巨人等。

由於1吉星貪狼星喜交際歡樂，象徵機運和人緣，因此除了長青植物之外，牆壁上也可以擺飾花鳥圖之類的畫作，或是以盆花相佐，以收貴人旺氣。

引動6吉星的方法

位置

流年吉星是每年更動的，二〇一〇年6吉星在東方。以下五年6吉星的位置如下：

年次	二〇一〇年	二〇一一年	二〇一二年	二〇一三年	二〇一四年
6吉星位置	東方	東南方	中央	西北方	西方

方法

依照每年6吉星的位置不同，在6吉星所在位置擺設黃色的水晶洞，大小以個人能力衡量，當然越大吸納財氣的能力就越強。

如果有時間的話，可以再到財神廟，誠心求一個招財符回來，將它掛在晶洞上，將有事半功倍之效。

引動8吉星的方法

位置

8吉星就是「左輔星」，代表解厄與守財，舉凡有關法律、官非、口舌等等，均可由左輔星壓制化解。

同時，8吉星也是鎮守財庫的星，等同於國家級的財政部長，掌控收入支出大權。

面對這樣一顆重量級的財星，就必須好好做一個家用聚寶盆，跟著每年不同的8吉星位置擺放。

二〇一〇年8吉星在房屋中央。以下五年8吉星的位置如下：

年次	二〇一〇年	二〇一一年	二〇一二年	二〇一三年	二〇一四年
8吉星位置	中央	西北方	西方	東北方	南方

步驟1

聚寶盆的製作方式很簡單，準備一個陶質或銅質的盆子（或者購買市面上現成的聚寶盆），買一個回家後，先將裡面的東西取出備用。

步驟2

準備一塊琥珀，大小不拘、美醜不限，以及三個五十元硬幣，或是六個五元硬幣備用。

步驟3

將上述物品（原先聚寶盆內的內容物、琥珀、硬幣等）先以水泡一夜，接著晾乾備用。

接著到有供奉玉皇大帝的廟，找三官大帝幫忙，請他們幫你催動8吉星的能量氣場，得到允杯後，用紅紙包一小搓香灰帶回家中備用。

步驟4

把該準備的東西全部備齊後，放置的順序如下：

硬幣墊底、香灰居中、琥珀、原本的內容物（可能是一些碎水晶之類）放在最上面。全部放好後以紅紙密封，並在紅紙上蓋上你自己的大拇指手印即成。

放置聚寶盆的時間

偉大的聚寶盆作品完成後，接著最緊要的就是放置的時間，一年之中有四個放置時間點：立春、立夏、立秋、立冬。想知道這四立的時間，就需要準備一本農民曆，翻看農民曆就可以查到四立的時間了。

例如二〇一〇年的立秋，是國曆的八月七日晚上九點到十一點，立冬是國曆的十一月七日下午七點到九點，也就是說，今年可放置聚寶盆的時間點，就是以上兩天了。

到了明年後，流年天心位換了，這時再把聚寶盆內所有的東西重新按上述的方式整理、擺放一次，一樣可在「四立日」中選一天擺放，這樣就完成了「流年天心」迎財納福的布局了。

以上方法看似簡單，但是貴在專心和誠心，我有位離開職場十年的主婦朋友，用此方法接天心改運後，獵人頭公司竟然尋門而來，請她去全球某大企業擔任企業發言人，連她自己都嘖嘖稱奇難以置信。

第四節 天心位對家中各部位的影響

如果要按「八宅法」的對應位置，來說明四吉位和四凶位與天心的關係，整本書可能會枯燥到讓人想摔本子。以下筆者便以圖表來解釋住家各部位與個人之間的關係，讓讀者可以用對照方式一目了然。

住家各方位代表意義

	東南	南	西南	
	子女	貴人	感情	
東	錢財	我	事業	西
	健康	貴人	人際	
	東北	北	西北	

▼住家各方位代表的意義

從以上的圖表來看，與個人最有關的八件事配置在八個不同的位置，以中

二○一○年紫白飛星圖

東南	南	西南
7	3	5
6	8	1
2	4	9
東北	北	西北

（東：左；西：右）

間的我爲中心點，要特別說明的是南北的兩個貴人，各指「男性長上貴人」和「女性長上貴人」，他們可以代表父母、長輩、老闆、主管，舉凡年紀、輩份、職級比你高的人，從這當中去看是否能夠得到他們的助力或賞識。

有了代表住家各方位的圖表之後，接著只要代入當年的天心位即可。以今年二○一○年爲例，1、6吉星各佔西位和東位，而8吉星居中。如果你家房子的西方正好是臥房，那代表該房間得運，但如果東方是廁所，那就有點不大妙了。

根據以上的圖表，大家可以按照住家方位，試做一份自己家裡的配置圖，再

南

	7赤金 （木）子女	3碧木 （水）男長貴人	5黃土 （土）感情	
東	6白金 （木）財運	8白土 （土）太極　我	1白水 （金）事業	西
	2黑土 （土）健康	4綠木 （火）女長貴人	9紫火 （金）人際	

北

以九宮格分出八個位置，這樣就可以看出家中哪個位置代表財運，哪個位置又代表了自己的社會人際關係。

接著，再將流年運勢的八星配置也放入圖表中，如此一來就能清楚的看見該年的吉凶好壞，吉者要予以善用，凶者要予以避免，只要善用此法，陽宅風水最關鍵也最實務的用途，也就如此而已了。

舉例來說，以二〇一〇年，八運入天心的九宮圖爲例：

上表顯示出住家各部位受九星影響的吉凶情形，如果將中央太極的位置看作「我」，若要看這二〇一〇年「我」的各種運勢好壞，就可以從位置與九星屬性的生剋關係來了解。

例如事業宮位佔在西方的位置，由1白吉星鎮守，西方屬金，1白屬水，兩者的關係是金生水，如果家中的該位置是房間，那麼則表示房間所在的位置，這一年對事業會有很大的幫助；如果要看這一年的財運，就要看東方的財運位置，東方屬木，這一年的東方由6白金星鎮守，彼此的關係是金剋木，也就是說錢財易流失，如果東方恰好是客廳的位置，則建議多多打開客廳東方的窗戶，讓陽光照射進來以化解金氣的不良影響。如果東方是房間，那麼就在房間的東方置放一杯水以助東方木氣（房間內不宜養魚或放風水球）。

以上只是一種固定式的論法，宇宙間的能量分布是流動的，如果你發現其中一個宮位比對下來的結果是剋制關係，那麼也不需要太驚慌，世間萬物都是互相依存相生相剋的，運用五行的生、剋、化，就能化解不良的影響。

這道理就像人與人之間有衝突時並不一定要拳頭（剋）相見，有時協調出彼此都能接受的條件，會比動粗謾罵更圓滿，這就是「化」的道理，這也是源於中國人最高的人生哲學，以柔克剛、四兩撥千斤的智慧。

如上所舉例，讀者們以後的每年只要翻開農民曆上的春牛圖，按相同的方式製作，一樣可以知道該年的家宅吉凶。

由於**九星的變動每年都不一樣，因此有些地方雖然遇到相剋的情況，但是過了這一年，其凶性就會減弱；同樣地，好的吉位有效期也是一年**，因此，我們只要掌握大方向，接穩「元運天心」和「流年天心」，並且在流年中催動1、6、8星的能量，就能擴大好運的能量，同時也能減輕凶星的威力。

風水小知識：五行的「合」、「化」關係

金剋木時，以水化之，水可洩金，又生木。
木剋土時，以火化之，火可洩木，又生土。
土剋水時，以金化之，金可洩土，又生水。
水剋火時，以木化之，木可洩水，又生火。
火剋金時，以土化之，土可化火，又生金。

第四章

找出財位和人氣旺位，補強財運和貴人運

- 如何找到財位
- 善用風水，提升人際關係
- 各行各業的催運方法

很多人研究命理風水的最初目的是爲了趨吉避凶，或者將難以達成的願望寄託於無形的能量。但筆者卻認爲，雖然命理風水有其可信之處，但仍得秉持天意，萬事不可強求。古人說「順天應化」，所謂的「天」指的是宇宙的能量，或者亦可視爲宗教中的神。而對於我們平凡眾生來說，天是一切道德的概括，唯有「德」的能量才是開啓天機能量的密碼。

富貴與貧賤如果是可以選擇的，相信不會有人會選擇貧賤，但是貧賤是因，人生往往是從貧賤中得到豐富的體驗；而富貴是果，人們擁有財富並非爲了滿足一己之欲，而是應該具備更寬廣的胸襟推己及人。能夠了解這一層道理的人，即使不懂風水命理的布局，也能夠獲得上天的珍惜與垂憐，而如果懂得風水布局而因此蒙利者，則要了解最大的風水命理高招就是廣植福田。

第一節 如何找到財位

找風水財位最簡單的方式，可運用「八宅法」中的東四命和西四命，來判斷每個人的吉凶方位。本節就是依照每個人的歸類不同，找出個人的財位並予以布置，讓財位可以做最大也最有效的發揮。

很多人以爲如果遇到和自己宅命不合的房子，就無法讓自己獲得好運。例如東四命的人卻住到西四命的房子，不但不能獲得屋宅的好氣，反而還會交逢厄運。其實不然，只要能找到個人財位並易且安置妥當，一樣可以發富發貴。

約莫在六年前，筆者曾和一位大學教授對「八宅」的看法有過交流。教授認爲，如果宅命和個人的本位不相符，那麼要發達是很難的事情。

他以他自己爲例，他說他的本命應該要住坐北朝南的房子，但是他現在卻被困在坐西南朝東北的房子內，朝東北是他的絕命位，所以他一直自怨自艾，認爲自己懷才不遇受制於人都是因爲這個緣故。但筆者認爲教授之所以衰運連連，是因爲他對風水執迷不悟以及一天到晚唱衰自己所致。

就像教授的情形一樣，東四命的人住到西四命的宅位，那只是位置不良的問題，過於執著並拘泥於文字不知變通的話，只會將自己限於困境之中。因爲風水講求的其實就是陽光空氣水，就是所謂的納氣，門向不好是已發生的事實，但在一個空間中仍然有許多可好好利用的地方。

就像阻力大於能力時是壓力，壓力小於能力時就是助力，我依照這樣的道理告訴教授，這就好像病毒流行時每個人都有被感染的可能，但如果免疫力強的話，感染的機率就會比別人低，甚至完全不會被影響；同理，如果在不對的房子中做對的事，即時的亡羊補牢仍然可以得到機運的幫助。

教授似乎很認同這番話，於是就問說以他的情形，該怎麼做對的事？我建議教授先從宅位中找到自己的固定財位，並且穩定財位不受破壞，就有機會向上提升。這位教授如法炮製之後，沒多久便辭去教職，現在大陸從事師資培訓，在上海遇見他時，他開玩笑地說，當年那一場財位固定法把他轟到上海來了，言談間他開心地笑個不停，下巴圓潤了，腰際多了一圈抖動的肉，當年的教授此時在他高價的豪宅中顯得無比自信，看來這一轟把他轟出一條康莊大道來了。

八宅中的財位是一種固定財位，類似於財庫的功能，財庫的功能不僅是守財，也能防止錢財做無謂的耗損，因此固定財位具有水庫的積蓄功能，能夠自動調節水量，使其滿而不溢、缺而不枯。

從八宅來看，**每個宅命的人都有一個財庫位，這個財庫位就是四吉方中的「伏命位」**。不同宅命的人有不同的財位布置方法，首先，請確定自己是哪一個宅命的人，然後找出自己的「伏命位」，接著便可著手布置財位招財聚財了。

民國年次命卦數

命卦	東四命				西四命			
	1坎卦命	9離卦命	3震卦命	4巽卦命	6乾卦命	2坤卦命	8艮卦命	7兌卦命
女（民國年次）	21、30、39、48、57、66、75、84、93	20、29、38、47、56、65、74、83、92	23、32、41、50、59、68、77、86、95	24、33、42、51、60、69、78、87、96	26、35、44、53、62、71、80、89、98	22、31、40、49、58、67、76、85、94	25、28、34、37、43、46、52、55、61、64、70、73、79、82、88、91、97、100	27、36、45、54、63、72、81、90、99
男（民國年次）	25、34、43、52、61、70、79、88、97	26、35、44、53、62、71、80、89、98	23、32、41、50、59、68、77、86、95	22、31、40、49、58、67、76、85、94	20、29、38、47、56、65、74、83、92	21、24、30、33、39、42、48、51、57、60、66、69、75、78、84、87、93、96	27、36、45、54、63、72、81、90、99	28、37、46、55、64、73、82、91、100

東四命／西四命的四吉方和四凶方

命卦	宅命	四吉方				四凶方			
		生氣	延年	天醫	伏命	絕命	五鬼	禍患	六煞
東四命	坎卦命 1	東南	南	東	北	西南	東北	西	西北
	離卦命 9	東	北	東南	南	西北	西	東北	西南
	震卦命 3	南	東南	北	東	西	西北	西南	東北
	巽卦命 4	北	東	南	東南	東北	西南	西北	西
西四命	乾卦命 6	西	西南	東北	西北	南	東	東南	北
	坤卦命 2	東北	西北	西	西南	北	東南	東	南
	艮卦命 8	西南	西	西北	東北	東南	北	南	東
	兌卦命 7	西北	東北	西南	西	東	南	北	東南

財位布置法

▼東四命人的財位布置法

坎命人

財庫位 北方

布置法

- 參考農民曆，選在「癸亥日」、「壬子日」這兩日的凌晨十二點進行。
- 準備一碗水和一顆白水晶球，安置在住家的北方位。

掌管北方財運的是玄天上帝，也可去玄天上帝的廟宇，向祂稟明祈求後，從廟方處攜水回家，摻合於水晶球碗中。

離命人

財庫位 南方

布置法

• 參考農民曆，選在「丙午日」、「丁巳日」兩日進行。

• 準備一張十元硬幣大小的紅紙，在上面寫著「日」字，並在中午十二時，將此字貼在家中南面的牆上。

掌管南方財的是關聖帝君，可以去向關聖帝君擲筊求三支香腳，返家安奉於南方，以助財旺。

震命人

財庫位 東方

布置法

• 參考農民曆，選在「甲寅日」和「乙卯日」兩日進行。

• 買一棵眞空養殖的靈芝，放在住家東方位，可以藉此改善磁場並增強財運。

東方的財運是由九天玄女所掌管，可以去買一副象棋，除去黑棋只留紅棋，拿去九天玄女處稟明，經許可後，在香爐上左右各繞三圈，然後帶回家中置於東方位。

巽命人

財庫位 **東南方**

布置法

- 參考農民曆，選在「乙卯日」或「丁巳日」的上午九點鐘進行。
- 準備紅天珠或是綠幽靈（水晶礦的一種），擺放在住家東南方位。
- 東南方的財屬暗財，因此受益時，要三緘其口，免得道破天機徒勞無功。

司守東南方財庫的是天上聖母媽祖，建議巽卦命的人去求媽祖收爲契子契女，並且求一個香火回來懸掛於室內東南方，有助於錢財提昇，以及防止官司損財。

西四命人的財位布置法

乾命人

財庫位 西北方

布置法

- 參考農民曆，選在「戊戌日」、「癸亥日」下午九點過後進行。
- 準備一座紫晶洞（如果有黃晶洞更好）放在住家西北方位置，擺放之前要先以檀香油加水稀釋，噴於其上務求淨化。

西北的鎮財神祇爲王母娘娘或金母娘娘，雖說王母、金母娘娘出巡是乘鳳輦，但是化身爲鎮財之神時，卻是座騎白象。傳說當王母娘娘示現時，指示以白象造型飾物安置其上，等同於母娘親臨，因此可以此法鎮守西北財位。

坤命人

財庫位 西南方

布置法

‧參考農民曆，選在「己未日」和「庚申日」進行。

‧擺設魚缸一座，大小不拘，飼養金魚以求財運。

司守西南財運的是城隍爺，可以準備九顆金元寶到城隍廟，向城隍爺祈求鎮庫造財，應允後將九顆元寶在廟裡燒化，留一顆帶回家中，並放置在西南方鎮庫。

這方法比較特殊，必須每年去向城隍爺求一次，並將前一年的元寶帶回去換一個新的元寶回來擺放。城隍廟內有范謝兩將軍，也要記得帶點紙錢去答謝他們。

艮命人

財庫位 東北方

布置法

- 參考農民曆，選在「己丑日」進行。
- 擺放一盞長年燈，全年不關，可照亮錢財之道。
- 由於東北方爲白虎方，是最容易因錢財引發訴訟口舌的地方，以長明燈照耀光明，可增本命福祿。

掌管東北財的神祇是虛空地母大天尊，如果有機會可以買一塊桃木八卦，在地母廟請廟方開光後，帶回家中安放在東北方鎮守財位。

兌命人

財庫位 西方

布置法

• 參考農民曆，選在「庚申日」或「辛酉日」進行。

• 準備一顆琉璃做的紅柿，放在住家西方位上。

西方財是由西王金母鎮守，如果有空到西王金母的廟宇參拜，可以向西王金母祈求賜財，然後用紅包袋裝一些香灰，帶回家後壓在柿子底下即可。

第二節 善用風水，提升人際關係

人際或人氣可以運用的範圍非常廣泛，從族群上來說，可以運用在工作上、商業上、情感上；從思想面來說，則包含著個人的親和力、想像力以及受他人信任、尊敬、跟隨的態度。

前面幾章已經提到過，住家之所以會影響人的運勢，是因爲磁場引力的關係。試想，如果你家臥室氣場阻滯不順，甚至有煞氣來沖，每天睡在裡頭的人豈能安穩休息？生理影響心理這個道理大家一定都懂，所以住家風水問題實在不可小覷。

風水中可影響人際關係的位置有三個，分別是「生氣位」、「延年位」、以及「五鬼位」。其中「生氣位」和「延年位」掌控著人氣量的高低，而「五鬼位」則專門搞破壞，箝制了「生氣位」和「延年位」的正面發展。

「生氣位」可以解釋爲他人對你的觀感，當然這種觀感也是由你內心投射於外的態度，促成別人對你的形象認定。有些人詼諧幽默，卻總是被視爲丑角，無法在關鍵時刻發揮影響力；有的人看似冷漠孤寡，卻被眾人奉爲天人矢志跟隨。有時候你會發現很多人把自己當成是一匹千里馬，終生尋找伯樂，有的人卻把自己當成伯樂，不斷地找尋更好的千里良駒。因此，**「生氣位」除了影響個人形象，還能左右貴人運的好壞**。

人與人間就是這樣，你審視別人而別人同時也正評論著你，大家都在尋找能力相當或更高能力的族群。我們所生活的區域，是一個難以單打獨鬥的都市叢林，在自己的專業領域內，唯有不斷創造自我被群體「利用」的價值，才能獲得更多人的認可，這就是「生氣位」想要展現出來的能量。

提昇人氣的另一個吉位就是「延年位」。「延年位」就像一個不斷打氣的幫浦，源源不絕地創造可以對外輸送的能量，使能量持續不墜，所以**「延年位」象徵著持續力或行動力**。「延年位」布置得宜，不僅可以提升個人能量，還有穩定情緒的效果，可以讓人不易衝動、憤怒、緊張、焦慮。中醫說：「怒傷肝，憂傷腎」，肝與腎在物質上是代表財源的盛衰，由此可見，個人情緒的控制，對人氣或財氣都有絕大的幫助。

而**「五鬼位」就像電腦駭客一樣，它專門破壞「生氣位」和「延年位」的驅動**，尤其是在「五鬼位」發威的時候，五鬼的威力不僅能讓這兩個吉位的正面效力無法發揮，更可能對住戶造成負面的影響。

所謂的「五鬼發旺年」是指五鬼位所在的那一年，若想避開五鬼發威的時間，不妨對照下表：

五鬼發旺年

宅命	五鬼方	五鬼發旺年
坎命人	東北方	逢羊年、猴年發威
離命人	西方	逢兔年發威
震命人	西北方	逢牛年、虎年發威
巽命人	西南方	逢龍年發威

乾命人	東方	逢雞年發威
坤命人	東南方	逢豬年發威
艮命人	北方	逢馬年發威
兌命人	南方	逢鼠年發威

風水小知識：生氣位、延年位、五鬼位

- 住家「生氣位」好壞，左右他人對你的觀感，同時也會影響人氣的高低。
- 住家「延年位」可影響個人的持續力或行動力，所以這個「延年位」的優劣，也會影響到個人的人氣或財氣。
- 住家「五鬼位」專搞破壞，會壓制「生氣位」和「延年位」的發揮。

貴人運布置法

▼用「借運擋煞法」提升貴人運

想要克制「五鬼煞」位發威，可以採用「借運擋煞法」，依循以下步驟進行即可。

步驟1 **準備十二顆雞蛋**

準備好十二顆雞蛋之後，在每一顆雞蛋的尖頭部份，用紅筆寫上一個「破」字，再把它圈起來。

步驟2 **準備一張紅紙、一撮自己的頭髮和指甲**

準備一張紅紙寫上住址和自己的姓名、出生年月日（農曆），同時剪下自己的一小撮頭髮和指甲，裝在紅包袋內，另外準備福金、刈金各三小支，南部的人可以用「四方金」代替。

步驟3 將以上物品埋在大樹下

準備好以上的物品之後，請在家附近找一棵大樹，越大越好，同時要確認短期間內不會被砍伐。接著，繞著樹挖出一道溝，把十二顆雞蛋圓頭朝下、尖頭朝上，按圓溝排列好。然後再把寫著個人資料、頭髮、指甲的紅包放入，接著把土掩蓋好使它不被人發現。

「借運擋煞」工程到此告一段落，接著點上三炷香，對樹公（尊稱）說：

奉香拜請東方木相大樹公，弟子〇〇〇，民國〇〇年〇月〇日吉時生，現居〇〇〇〇〇〇〇（請報上你家住址），因流年遭逢五鬼煞運糾纏，特來向樹公懇求借運發威擋我災煞，敬備紙錢聊表寸心。

說完後將香插在地上，等香燒完三分之一時才開始燒紙錢，確認紙錢燒完並且安全無虞之後始可離去。

住在市區的人如果要尋找大樹公不易，也可以在那一年的農曆正月初九，俗稱「天公生」那天，但著壽麵和壽桃去向玉皇大帝稟明此事，並且祈求祂代為消災延福。

▼「生氣位」和「延年位」的增運補運法

若要提高「生氣位」和「延年位」的能量，可以利用晶洞或白水晶簇，將水晶放在這兩處，為「生氣位」和「延年位」持續不斷地增補好的能量。

此外，亦可利用拜拜方式，讓住家的「生氣位」和「延年位」添增光輝，方法很簡單，依以下步驟進行即可。

步驟1 向玄天上帝祈求

在玄天上帝壽誕那天（農曆三月初三），準備四品禮物去向玄天上帝祈求，請祂派出靈龜鎮守「延年位」，靈蛇鎮守「生氣位」。

步驟2　將護身符掛在住家南方位

祈求完畢，並經擲筊允許之後，帶回玄天上帝的護身符，並掛於住家的南方位，或攜帶護身均可。

第三節 各行各業的催運方法

比起過去舊年代，現代行業類別可說多如牛毛，多不勝數，但若眞要分辨自己的工作屬於哪一種五行，卻也不是那麼困難，難的是知道自己的職業五行之後，究竟應該用什麼方法來催運才好？

命理派別眾多，說法不一、論法迥異，常常讓人倍覺困擾，而若要了解自己適合從事的行業，最仔細的方法則是從個人八字命盤來窺探最爲準確。不過，在陽宅風水能量中，同樣可以對個人運勢提供適用的方法，讓自己在工作職場上活躍自如。

首先，請先確認自己的工作五行屬性：

▼屬「金」的行業

電腦製造、電腦周邊製造、一般無線通訊、微波通訊、衛星通訊、電子業、重電機、馬達、鋼鐵業、金屬建材、金屬醫療器材、金屬商品製造、電子零件製造、通訊連接器、網路硬體、監視器、電器用品、銀行、電玩硬體、揚聲器、證券業、麥克風、通訊元件、筆記型電腦、PDA、LED（發光二極體）、主機板、電腦介面卡、電源供應器、汽車、積體電路測試、證券投顧、光纖電纜業、積體電路（製造、封裝）、電線電纜、電容、電阻、MLCC、CD-R、DVD、光電產品、軟體業、網站經營、電子商務、系統組裝、保險業、磁碟片、電池、PCB等。

另外，粗鐵材或金屬工具材料等方面之買賣商、堅硬事業、決斷事業、武術家、民意代表、五金商、挖掘、發掘、開礦業、鑑定師、大法官、總主宰、汽車界、交通界、金融界、電料界、電氣店、工程店、科學界、珠寶界、或伐木事業、零售工具機械或製刀劍業均屬之。

屬「水」的行業

進出口貿易、國際企業經營、汽車維修、管理顧問業、百貨業、超市超商、運輸業、漁業、水族館、航空業、廣告業、廣告設計、商品設計、網路美編、建築設計、補教事業、房屋代銷、觀光業、房屋仲介、大眾傳播業、演藝圈、IC設計業、政治、加油站、娛樂業、飯店業、醫生、土地開發設計、植物養殖業、花店、農業、出版業、化妝品、火鍋店等。

屬水行業具有漂遊性質、奔波性質、流動性質、連續運動性質、易變化性質、水屬性質、音響性質、清潔性質。因此冷溫具不燃性之化學界，靠海討生活者均屬之。另外，靠水發財之事業亦屬水，例如雨衣、雨帆、洗衣粉等。

航海業（船員也是）、冷溫不燃液體、水產、水利、水物、冷藏、打水、掃除、泳池、湖、池塘、浴池、菜市場內售賣冷凍物（魚、肉、豆腐）均屬之。

遷旅業、特技表演業、運動家、導遊、旅行業、玩具業、聲樂音響業、魔術、馬戲團、採訪記者、偵探、旅社、或滅火器具、釣魚器具均屬之。

屬「木」的行業

木器、木材、家具、裝潢、花草、樹木、苗、盆栽、竹、音樂、茶、紙器、書文藝、文教書店、文具行、教育界、文化事業、作家、教師、出版業、宗教業、香料及敬神用品、布匹、司法、軍警、政治、公務界、種植界、藥物醫療（中醫類）等。

屬木職業另有：文學、文藝、文具店、文化事業、文人、作家、寫作、撰文、教員、校長、教育品、書店、出版社、公務界、司法界、治安警界、政治界、特殊動植物生長界之學者、植物栽種試驗界。木材、木器、木製品、裝潢木成品、紙界、竹界、種植界、花界、樹苗界、青果山、草界、藥物界（開藥房或藥劑師）、醫療界。

培養人才、布匹買賣、售敬神物品或香料店、宗教應用物界、宗教家之事業、或販售植物性之素食品、以上均屬木事業範圍。

屬「火」的行業

高熱性、火藥性、光亮性的行業、放光照明、易燃品、油、酒、瓦斯、加工、製造、再製工廠、修復、食品、自助餐、熱食、手工藝、理湯髮、裝飾物品、鎔鑄、百貨、服飾、印製業、化妝品美容、羊肉爐、化學、電鍍、醫藥品（西醫類）等。

屬火行業具有熱度性質、火爆性質、光線性質、加工修理性質、做工性質、再製性質、易燃燒性質、手工藝性質。

放光、照光、照明、光學、高熱、液熱、易燃燒物、油類界、酒類界、熱飲食界、食品界、手工藝品、機械加工品、工廠、製造廠、衣帽行、理髮院、化妝品界、軍界、歌舞藝術（以人對人之營業）、百貨行、印製家、雕刻師、評論家、心理學家、演說家均屬之。

屬「土」的行業

土地買賣、房地產、建築、土產業、農畜、農牧、飼料、機械買賣、土地仲介、介紹業、管理、企業顧問、設計、祕書、農作物、經銷商、代理商、防水業、喪葬業、水泥業、石板石器、瓷器、代書等屬中間性或基礎性之行業。

屬上行業具有土產或地產性質、農作性質、畜牧性質、大自然原物性質、中間人之性質，又因土最卑下，屬中央，故宜擔任領導性質、人才事業、防水事業均屬之。

農人或土壤研究者、售現成菜類、售現成農作物（雜穀、米、麥等），畜牧獸類（如放牛羊或養雞豬等），販售飼料界、所有農畜界百業。

大自然原物售賣界（即石、石灰、土地，包括山地）、水泥等，建築業、房地產買賣業、房屋買賣業、堤防物、容水器等。

當鋪、古董家、古物鑑定師、製糊或售糊業、所有中間商人、介紹業、祕書、律師、說客、法官、代理、管理、護理。代替、買賣、設計、顧問、祕書、附屬品、附屬人均是（因土附火而生）。另，領導事業（即高級官或高等職），殯儀館、墓碑店、殯葬業、築墓業、墓地管理、爲亡者裝飾業等。

其他如零碎整理事業：如書記、簿記、記錄員、會計師亦屬之。

以上是職業的五行類別，確認自己的職業五行類別後，若想提升工作能量，在陽宅開運法中，有一種「放水法」，不論是在職業能力的展現，或是人氣的提升上，都能得到很好的效果。

提升工作能量布置法

▼用「放水法」補強工作能量

「放水法」中所指的「水」並不是眞正的水，而是指「氣」的能量，將氣的能量灌注到有利的方位，即是「放水法」。

放水法的關鍵在於「化」與「扶」，「化」就是如果今年的「天干」剋到了行業別的屬性，就用「化」法來疏導煞氣的能量。

例如你的職業屬性是「木」，民國九十九年是「庚寅年」（每一年的天干，翻看農民曆或月曆的第一頁就有了），「庚」屬金，金會剋制木的行業，所以這時要在家中北方放置魚缸或是水耕植物。因爲北方爲水，金可以生水，因此會將金氣流洩，而不致於傷到木的行業類別，這就是「化」的作用。

同一個例子，如果你的行業五行是火，火可以剋今年的庚金，那麼就要增加火的能量。火屬南方，一般就是用燈照明，前章介紹的鹽燈就是一個很好的開運物。

天干的五行屬性

天干	甲	乙	丙	丁	戊	己	庚	辛	壬	癸
五行屬性	木	木	火	火	土	土	金	金	水	水

以下則分別說明五行職業的能量提升法：

▼屬「金」行業的工作能量提升法

需化解煞氣的時間 民國95、96、105、106、115、116年時。

方法 在住家東北方位或西南方位，擺放黃水晶洞，以增強火能量。

可提升能量的時間 民國93、94、103、104、113、114年時。

方法 在住家西方的牆上或櫃上，懸掛五帝錢。

▼屬「木」行業的工作能量提升法

需化解煞氣的時間 民國99、100、109、110、119、120年時。

方法 住家北方擺放魚缸，以增補木能量。

可提升能量的時間 民國97、98、107、108、117、118年時。

方法 在住家東方擺放木本常綠盆栽。

屬「水」行業的工作能量提升法

需化解煞氣的時間 民國97、98、107、108、117、118年時。

方法 在住家西方擺放五色石聚寶盆（五種顏色的水晶碎石），以增補水能量。

可提升能量的時間 民國95、96、105、106、115、116年時。

方法 在住家北方位擺放魚缸，以求化水爲財。

屬「火」行業的工作能量提升法

需化解煞氣的時間 民國91、92、101、102、111、112年時。

方法 在住家東方種植木本常綠盆栽，以洩水的能量。

可提升能量的時間 民國99、100、109、110、119、120年時。

方法 在住家南方安置長明燈或鹽燈。

屬「土」行業的工作能量提升法

需化解煞氣的時間 民國93、94、103、104、113、114年時。

方法 在住家南方放置鹽燈或長明燈，以洩木的沖煞能量。

需化解煞氣的時間 民國91、92、101、102、111、112年時。

方法 在住家西南方擺放黃水晶洞。

開運和避煞時，所使用的物件往往都是生活周遭的小東西，這些物品平時雖不起眼，但如果能夠確切地掌握每樣東西的五行，並且將它放在對的地方，這樣所產生的龐大能量，往往是花費數萬元也無法比擬的。讀者們不妨依此方法嘗試看看，日積月累下來，必能產生驚人的效應。

第五章

善用開運物，引動屋宅旺氣

- 九星屬性和催運物
- 運用色彩搭配，提升屋宅能量
- 運用開運物，啓動好運勢

開運物有很多種，歸納之後其實只有兩類：一類是趨吉物，一種是避凶物。據我所知，趨吉的開運物是不能拿來避凶的，而避凶的開運物，功能就是避凶，也很難在趨吉上有很好的發揮。

例如開運市場上的知名瑞獸「貔貅」，一般人都以爲牠既能趨吉又能避凶，其實不然，貔貅有分獨角和雙角兩種，單角的是擋災煞，雙角的才是招財進寶；又如魚缸到底是招財或是擋煞？許多人幾乎都搞不清楚，魚缸的功能取決於作用，也就是說，把魚缸放在煞位，它就是擋煞的功能，把它放在財位，那就是招財的功能，兩者是不能混淆的，更別想要一石二鳥，基本上那只會削弱功能，對實質的幫助也會大打折扣。

如果談到一般開運物的種類，那更是多得不勝枚舉。舉例來說，算命師最喜歡用五帝錢、礦石、植物、瑞獸、凹凸透鏡等等；道教則喜歡用八卦、符籙、神像；佛教喜歡用咒語、咒輪、佛像；密宗黑教則喜歡教人掛簫或風鈴。而近年來開運商品的盛行，像是聚寶盆、聚寶蛋、開運內衣褲等等更是教人眼花撩亂。

有時候東西太多，如果不是迷亂心智不知該如何使用，就是如法炮製後等不及產生效應，立刻又嘗試新產品期待更大功效。一般來說，開運物放置的時間最少要三個月至半年，才會漸漸地感受到它的能量所在。但因開運物品每日推陳出新，很多人求好心切，往往等不到三個月，就急急換上其他的開運物品，所謂欲速則不達，想吃水果也得先把樹種好，千萬別說你可以用買的，若這麼有錢可以買，那還需要辛辛苦苦地把房子打造成開運聚寶屋嗎？

很多人的家裡大概都有水晶類的礦石，如果不是水晶洞就是水晶球，或是五星球、開運聚寶蛋之類的。這些東西雖是一時興起買下，但也所費不貲，只是通常過了一段時間之後，大概就散落家中某處不知去向。我曾到一位風水節目忠實觀眾的家中看風水，這位小姐外型高䠷修長，初見面時她身上戴的掛的，幾乎都是市面上可以看到的開運商品，我笑她是「開運寶寶」，她自己也莞爾一笑地說：「反正也不貴，就買來戴看看。」

話雖如此，我暗地裡幫她加總一下，身上的開運物也是數萬元的行頭。當然，有時買個心安也無可厚非，但是如果真的希望這些東西能夠發揮實際效應，那麼「用心」是不可少的，否則勞民傷財又撈不到好處，豈不白白浪費時間與金錢？

後來我在她家發現更多被她棄置的「寶物」，包括一座ＡＡ級的紫水晶洞、黑曜岩、天珠、鈦晶等等，只是這些東西已經「過氣」，所以再也無法爭取為她開運的機會。

我告訴她這些都是很好的東西，只是因為不知道怎麼善用，所以無法領受它的神奇效益。看過她的房子之後，我不禁感嘆寶物與人才的確都需要伯樂來使用，把對的人放在不對的地方，稱為懷才不遇，把對的物品放在不對的地方，當然也無法物盡其用。我笑稱這位客戶的物品「遇人不淑」，因此我將她的「寶物」重新歸位後，當下讓她有種屋內氣息煥然一新的感覺。我跟她說，能量來自於大自然，這是老天賜給我們的恩惠，但也要懂得運用大自然，否則就是暴殄天物。

時至今日，這位當時獨立扶養一對兒女的單親媽媽，已在北縣購屋置產，還把一對兒女送到私立學校就讀，或許她憑藉的不只是開運物品的加持力，更重要的是她已經掌握了機運和努力。

本書的陽宅內容是以「八宅」和「元運天心」爲主軸，當然陽宅的鑑定和改善還有其他方式，但人家說物貴在精，而不在量，如果能善用且活用簡單的單一方法，那麼效用往往能勝過千百招。

在以下的章節中，我們就以「九星」爲主，向大家說明其性質和相關開運物品的擺設，在每一年的流年中，只要將這些開運物品移往當値之處即可，一來效果可以發揮，二來也符合物盡其用的經濟效益。

第一節
九星屬性和催運物

什麼是九星？簡單來說，就是把天體劃分爲九區，每一區都有一個區長，就好像台北市有中正區、大安區、中山區的意思一樣，這些區長各有不同的職掌，也有各自的個性和喜好，懂得對他們投其所好，央託請求時才能立刻得到回應和幫助。

總之，每一顆星都有不同的屬性，好好利用九星的星性助力，才能幫助家運和個人運勢發揮。以下便稍微說明這九顆星的星性，而善用星性就是趨吉避凶的道理。

爲了易於辨認這九個區長，古人以北斗七星外加兩個星來幫他們取名，而從一到九依序爲：貪狼、巨門、祿存、文曲、廉貞、武曲、破軍、左輔、右弼，共九個區長名。這些區長都有不同的五行屬性，例如貪狼屬水，因此在開運物的使用上，就必須以水或金（金會生水）增長它的五行威力，藉以產生能量來幫助我們個人的行運。

以下就來說明這九位區長（九星）所喜好的五行色彩和增強能量的開運物：

▼一白：貪狼星（水）

幸運的色彩：黑色、粉紅色、白色、金色、金黃色等。

幸運的物品：光線柔和的檯燈、珍珠、弓箭、船、海景圖片、豬、雞等等。

作用：提升智力、企圖心、使消極變積極。

▼二黑：巨門星（土）

幸運的色彩：黃色、土黃色、棕色、褐色、咖啡色

幸運的物品：地球儀、聖母、觀音、牛、貓、猿猴、圓形陶瓷器。

作用：培養忠誠、敦厚、謙虛、樂觀的性格，能改善消化系統，消除緊張不安的情緒，並使衝動的性格趨向平穩。

▼三碧：祿存星（木）

幸運的色彩：天青色、翠綠色、淡綠色。

幸運的物品：龍或鹿的造型塑像、木製或竹製家具、綠色植物、簫笛、電視、音響。

作用：使個性變得穩定積極，活潑開朗得人緣，神經耗弱、多思多慮、心浮氣躁等，都能獲得有效改善。

▼四綠：文曲星（木）

幸運的色彩：乳白色、深綠色、墨綠色等。

幸運的物品：小品盆栽、新鮮切花、毛筆、風箏、電風扇、中國蘭、竹類、精油。

作用：培養高尚的情操，增加讀書學習靈感並具有穩定性，提升名譽和進取心，增進理財能力以及調和感情。

五黃：廉貞星（土）

幸運的色彩：黃色、茶色、咖啡色、褐色、棕色。

幸運的物品：古董、抽象畫、符籙、寺廟的香灰、聖水、故鄉的土、以及太陽造型、月亮造型。

作用：增加威權和穩定性，化解不可捉摸的不確定感，化險爲夷轉危爲安，改善腸胃功能，避免意外天災人禍，化戾氣轉爲傑出成就。

六白：武曲星（金）

幸運的色彩：金黃色、金屬色等等

幸運的物品：寶石、黃金、鐘錶、水晶、天珠，馬或獅子的造型塑像、獎杯、神像（銅製）、八卦鏡等等。

作用：培養尊貴的氣質，增加智慧和獲取權位，發揮與生具有的行動力，因努力和上天的眷顧而受他人信任。

七赤：破軍星

幸運的色彩：玫瑰紅、橙紅、桃紅、白色、金色、銀色等。

幸運的物品：玩偶、五金製品、刀劍、羊或貓的造型、寵物、少女圖片、花圖、撲克牌、占卜用具。

作用：凝聚思路提升表達能力，增加人緣和親和力，改善猶豫不決的個性，使心情趨於活潑開朗、增加戀愛機會、得到更多人的喜愛。

八白：左輔星（土）

幸運的色彩：咖啡色、褐色、茶色、白色、土黃色、磚紅色。

幸運的物品：雅石、天珠、瑪瑙、珠寶盒、老虎或狗的造型塑像、山水畫、花瓶等。

作用：八白星具有穩定安逸的特性，一般也都視爲最佳財庫位置。它象徵靜止、剛毅、堅強、有重量感並注重內涵，所以選擇幸運物時應注意以上這些特質。例如：櫥櫃、保險箱、辦公桌、書桌都符合，而且方形要比圓形好。

九紫：右弼星（火）

幸運的色彩：洋紅、朱紅、紅、紫、紅紫等色。

幸運的物品：鏡子、水晶燈、放大鏡、八卦鏡、打火機、大盞立燈、仙人掌、羅盤、鹿角、化妝品等等。

作用：培養敏銳的觀察力和開放的胸襟，因爲行事光明磊落而受人敬佩，熱心助人而獲得尊重，男性可以增強審美能力，女性可以散發個人魅力。

中國命理工具的推演，大凡不外乎以陰陽、五行爲本體，以彼此間的「生、剋、制、化」作爲產生現象的推敲依據，陽宅風水的道理也是根據這樣的理論而衍生。陽宅首重方位，方位就會被區分成陰陽和五行，例如東方屬木、西方屬金、南方屬火、北方屬水等等，知道了方位的五行之後，就要依照生剋制化的情形，去研判當下或未來該區的吉凶如何？不過光是研判該區的吉凶其實是沒有意義的，而是要了解這個區域對你所產生的吉凶影響，才是判斷的價值所在。

假設自己站在房子的中心點，你可以把房子區分爲八個方位，每個方位四十五度，總共就是三百六十度，而九星區域則是這八個方位再加上中央的方位。讀者可以把它聯想成古時的錢幣，外圓內方，中間的位置就像總指揮官一樣，主導周圍八個方位的能量強弱。而當你身處其中時，因爲你本身也屬於一種能量體，既然是能量體，當然就會和環境的氣場能量產生交感作用，也就是我們所謂的吉凶現象。

因此，當你了解九星的能量增強方法後，就可以把你家劃成八區，按照流年天心的定位法（請參閱第三章內容），判斷出該年該區的吉凶好壞。**好的能量要扶持，使它繼續發光發熱為你所用，對你不利的能量則要抑制，使它無法對你產生傷害**。因此在下表中，我們列出每一顆星所喜歡對應的星名和不喜歡的星名，這樣讀者們便可明白每一年星座流動到不同區位時，所產生的好壞關係。

例如，家中北方爲貪狼位時，流年遇到六白武曲星或是七赤破軍星時，則是好運照臨，因爲武曲和破軍兩星五行都屬「金」，可以「生」貪狼的五行「水」；但如果流年遇到二黑巨門星、五黃廉貞星、八白左輔星時，則爲不吉，因這三顆星都屬「土」，會「剋」貪狼星的「水」，使得貪狼無法產生幫助你的作用，這時就必須要想辦法解決這個剋制問題，就好像水溝堵塞了必須趕快疏通，以免釀成災禍一樣。

九星配合的喜忌

星名	代表方位	好的配合	中的配合	不好的配合
一白水	北方	六白、七赤	三碧、四綠	二黑、五黃、八白
二黑土	西南	五黃、八白、九紫	六白、七赤	三碧、四綠
三碧木	東方	一白、四綠	九紫	六白、七赤

四綠木	東南	一白、三碧	九紫	六白、七赤
五黃土	中央	八白、二黑、九紫	六白、七赤	三碧、四綠
六白金	西北	八白、七赤、二黑	一白	九紫
七赤金	西方	八白、二黑、六白	一白	九紫
八白土	東北	九紫、二黑、五黃	六白、七赤	三碧、四綠
九紫火	南方	三碧、四綠	八白、二黑	一白

第二節

運用色彩搭配，提升屋宅能量

十七世紀時，牛頓使用稜鏡的折射，因此看見了七彩顏色的光，在此之前沒有人會認爲光線是有顏色的，但牛頓透過三稜鏡的太陽光，發現了紅、橙、黃、綠、藍、靛、紫等顏色，由此開始，便有了所謂「光譜」的色帶。

在印度瑜伽士的眼中，他們認爲這七彩顏色的自然色帶，與人體的七脈輪是相呼應的，也就是說，他們認爲色譜中的每一種顏色，掌握著人體各部分的區域，可以相合也可以成爲治療的一種方法。

這樣的想法在西方的新世紀療癒範圍中，已經被大量地廣泛應用，但中國的陰陽養生學家卻一再告誡，日光療法雖然是一種蓄積能量的療法，但日光的選擇卻是必須謹慎。例如，中午烈日高掛，炙陽會放射有毒能量，人體不宜接近；下午夕陽微和，可惜氣數將盡、陰氣將起，也不適宜採光補體；因此認定最好的日光能量是早晨五點到七點的初生之陽。陰陽家們認爲此時的陽光溫和至純，極適於人體吸收，曾有一段時間很多人熱衷於「陽能補財法」，就是吸取初生的太陽精華，強化個人的精神能量和財庫能量。

以下便來說明這基本的七色光所各別代表的能量，以及可以影響和應用的方向。

紅色

特質

紅色被認爲是「生命與創造性」的顏色，它也象徵大膽、冒險、慾望、熱情，因此可以說喜歡紅色的人是行動派，樂觀積極如火焰般的向上攀升，能夠以它的熱情感染周遭的人事物。

影響範圍

人體受到紅色影響的部位是骨骼、腳、脊髓、直腸、免疫系統等。

適用方位 **住家南方位**

在家宅中，對應紅色的位置是南方，如果南方是你的本命四吉位（生氣、天醫、延年、伏命），家居布置時就可以紅色為主色系，其間可以適度的配合綠色和黃色或粉紅。

▼橙色

特質

橙色代表喜悅、高興、活潑、韻律感，它兼具了紅色強烈的的能量和黃色的明亮與知性之美，所以它也可以稱爲紅色與黃色的連結色或漸層色。它代表從野性的原始慾望轉化爲感性與自制，雖然是個很能代表自我的顏色，但沒有紅色的強烈跳躍，又沒有黃色的強迫性明亮度，因此是旗幟鮮明的軟性色系。

影響範圍

橙色對應到在身體上，是以肚臍爲中心的腹部周圍。這部位聯繫著人體的免疫系統、神經系統、內分泌系統、腸胃、肝臟、腎臟、皮膚、腰部、生殖器等器官，它能幫助人體提升消化機能，所以也跟食慾有關。

適用方位　廚房

橙色在陽宅中對應到廚房的位置，當廚房的位置光線不明或是過於明亮時，都可以用橙色系來改善廚房的氣場。正如前章所說，廚房不但代表家庭主婦的健康，同時也是家中聚財所在，因此，不管你的廚房居於旺位或煞位，使用橙色系都能夠產生吉者扶持，凶者剋煞的壓制力量。

由於橙色是連結色，因此任何五行屬性的人都夠使用，在五行相生相剋的理論中，它算是一種很安全的色系。

想要讓廚房看起來有愉悅輕快的感覺，或者加速啓動橙色的豐收能量，不妨試看看橙色和紅酒色、咖啡色的搭配，這是一種晉升與收穫的色系，同時也具有進財和累積財富的功能，如果想讓它具有質樸與溫馨的效果，也可以調淡顏色的百分比，使它看起來優雅而浪漫。

黃色

特質

黃色代表智慧、創意、判斷和幽默感，這是一種明亮的光芒顏色，如果不是太過於刺眼，黃色通常代表柔和，如同母親的愛一樣，因此黃色被認爲是土地的顏色，潛藏著萬物的孕育。而在中國也將黃色視爲高貴的象徵，古時皇帝的龍袍就是選用黃袍製成，代表他是宇宙之子（眞命天子），歷代從來沒有放棄這個顏色，即使是外來民族統治了中國，如元朝、清朝也承襲了這種高貴的色系，而以天之驕子自居。

影響範圍

黃色的脈輪對應到人的身體，是在腹部以上的第三輪，與胃、脾臟、肝臟、消化器官、膽囊、神經系統相對應。在陽宅中對應到的位置是客廳，代表主人與外界連結的態度，例如對事物的抉擇、對事物的控制能力、人際關係的處理等等，由於它代表孕育、包含一切力量的產生，所以均與黃色有著直接或間接的關聯性。

在古時候黃色也會被認爲是銅色或金色，因此它的力量來自於判斷或是決定，而且與利益有著直接關係。相對而言，當缺乏黃色系的能量時，人也容易處於緊張和焦慮中，當爲某一件事煩心不安無法平心靜氣時，腦海中不妨想想黃色的雨衣、黃色的衣服、或者和自己玩一個小遊戲，問問自己黃色的東西有哪些？這些作法都可以讓神經系統趨緩下來。

適用方位　房屋中央、客廳、求學子女的房間

在九宮中，黃色爲土，被置放於中間，但大家要有一個概念，黃色的土不是只被侷限於中間，它可以和東西南北四方產生連結。例如和東方（屬木）連結，是含木屑的土；和西方（屬金）連結是含金的土；和南方（屬火）連結，是含有火性的土；和北分（屬水）連結是含有水性的土，總之土充斥於四面八方，而不是僅止於中央。

想讓客廳的人際能量發揮出來，在色系上可以選用黃色爲主，其他另搭紅色與橙色，使它看起來具有生氣蓬勃的感覺，或者以鵝黃搭配淡咖啡、蘋果綠，也能在創意的展現上得到發揮。

現代父母很重視小孩的教育，就算差一分都是天大地大了不得的事，**黃色系也是補腦的顏色**，在子女的房間使用黃、紫、橙的搭配，會讓子女安心靜性專心讀書，而且對記憶能量也有很大的幫助。

▼綠色

特質

綠色代表的是和平、平衡、協調與自然，也代表無止盡的生命力延伸。有趣的是，在中國的命理中，將綠色也視爲財色的一種，大概是一切的貨幣紙鈔、房地契、有價證券等等，都是用紙書寫，而紙是由木漿所製成，因此將綠色的木視爲錢財的一種表徵。

影響範圍

在七色譜中，綠色是處於中間的顏色，因此被視爲平衡與協調。而在人體上，它對應到第四脈輪，也就是心脈輪的位置，它連結上面的三個脈輪以及下面的三個脈輪，負責上下的平衡功能，右邊旋轉將能量吸入養育肉體各部循環，如同心臟輸送血液和氧氣一樣，左邊旋轉使精神豐沛促進腦部活動量，提升心靈和精神上的思考能力，因此綠色的心輪同時擔負著肉體能量和精神能量的供需。

適用方位　**臥室**

在陽宅中，心輪的位置可以和房間的床位相應，它提供了源源不斷的生長能量，並且讓身心都能在這色系中，取得平衡與協調。

若將房間的色系以蘋果綠、玫瑰紅、天空藍爲基調，可以將房間的生命能量引動，讓人感受到輕鬆與快活，而將翠綠、芥末綠、橙色混搭，也可以讓精神能量感受的鬆懈與安詳。色系的能量本身就能與人的身體互相吸引，沒有時間與空間的限制，很自然地孕育自然的產生，因此別在意是否與你的位置產生生剋關係，色譜的顏色所寓寄的能量本來就是萬物本有的力量。

藍色

特質

有人說藍色是憂鬱的象徵，但在色譜能量的解釋中，它代表和平、溝通與自我的沈澱，是萬籟俱寂而不是孤獨空虛。有句話說「青出於藍勝於藍」，在中國古代的色系中，天青色其實是藍色也是綠色，在意義上具有：清涼、冷靜、機智、沉著、無限與高貴。

影響範圍

藍色所對應的脈輪是喉輪，與支氣管、食道、甲狀腺、口、牙齒有關。因此在陽宅中，藍色也與代表房間床位的綠色。處於相同的位置，所不同的是，藍色是更深一層的靈性提昇。

佛教中有一尊佛名曰藥師琉璃光如來，佛經上形容祂老人家成佛後，全身呈現藍色的光彩，在意識上是說藥師佛已經成就無上大法，到了爐火純青的地步，所以全身呈現藍光，可見得藍色是指意識上的提升，人格性靈的昇華，因此在房間或床飾上選用藍色的色系，也會讓人培養出高度的智慧和性格上的自制力。

適用方位　臥室

睡眠品質不好的人，可以用淺綠和淺藍以及淺紫三種色系幫助睡眠品質，如果想達到身心靈的平衡感，可以用青綠、翠綠和藍靛色來搭配，色系的能量是由眼睛來接收，傳導至大腦產生數種離子反應，進而影響心境。所以有人說，性格決定命運，而性格取決於想法，正負面的想法和作法，理所當然的左右自己的命運。

▼靛色

特質

靛色也是一個連結色，連結下層的藍色和上層的紫色，它代表的是聰明、理性、透過心靈產生的直覺力、意志與信念以及推己及人的慈悲心。

影響範圍

靛色在脈輪中表現在眉間的第六輪，與身體的小腦、五官等等有著關連性。在瑜伽士的眼中，認爲第六輪和腦垂線神經系統有關係，說白話一點，就是第三隻眼的開啓。許多修行者在修行的過程中，都會因此而打開第三隻眼（俗稱的天眼）而看見許多一般人看不到的景象。

一般來說，「靛藍色」指的是比較深的藍色，在日本或中國部分民族，自古以來就將靛藍色使用在衣物上，隨著印染技術的進步，靛藍色也發展不同的淺藍色、淡藍色、靛青色、藏青色等等，這些顏色仍然歸屬於同一個能量區域。

在陽宅風水的能量界定上，它代表玄關的能量，玄關是跨出家門與外界拚搏聯繫的地方，因此掌握清明的頭腦、果斷的智慧、柔性的交際手腕以及獲得他人的敬重與否。

經常使用靛藍色。會讓人很坦然的進行思考，深具感知力和想像力，也會具備先知的感應能力，在危險即將到臨時，即時做出防護措施，可以將事物的表面和內在意涵做出良好的整合，並自我調節適應任何環境。

適用方位 玄關、客廳

在玄關中的位置，或是家門與客廳的走道，以及房間的通路上，都可以用靛藍色來催發、養育這種深沈的力量。例如以靛色、紫色、淺灰的搭配，培養睿智的能量，以綠色、咖啡、靛藍讓自己贏得他人的信任，或是以橄欖綠、橙色、藍色造就聰明智慧的能量。

由於靛藍色表徵在玄關和房間走道，因此會建議牆壁的顏色不妨以上述顏色搭配，或者用此類的畫飾懸掛，也能發揮清明睿智的能量幫助自己或家人。

▼紫色

特質

紫色是七色譜中最高級的顏色，它位於頂輪部分，代表精神層次、高上情操、捨己爲人的精神、無我無私的付出等等。在修煉的過程中，紫色光輪被形容爲「元嬰」，意思是說精神層次改變肉體結構，而可以幻化於無形。這當然是小說家筆下的豐富想像力，但是在眞實的環境中，紫色也的確被認爲是一種高級的顏色，如果仔細觀察火焰的顏色，你會發現燃燒到最後，紅色的火焰頂端是紫色的火舌，紅得發紫的說法就是這樣來的。

影響範圍

紫色與人體的關聯性是指大腦和松果體，也跟精神意識有關，很多被一般正常人視之爲精神病的通靈者，通常是因爲後腦的松果體特別發達，以致於能見他人所不能見，觸他人所不能觸，在道教的靈山系中，也將紫色視爲最高修行，代表至高無上的光榮。

使用方位 餐廳、餐桌

修煉頂輪是很不容易做到的事，但是拿紫色的能量來布置居家，卻是一個不錯的妙方，它所對應到的居家位置是在餐桌或餐廳。

餐桌是家人相聚、進餐的地方，很多時候家人間彼此的心聲可以透過用餐時產生互動與交流，因此也是家人情感凝聚的位置，在此位置上運用紫色系的布置，可以幫助家人間互諒與互愛，用寬容對待而產生力量。

在此建議可以運用紫色、綠色、土黃色來裝飾家中的餐廳，使餐廳具有輕鬆和諧的流暢感，一家人身在其中可以互吐心事彼此交流。

此外，對於修行者運用紫色、黃色、藍色布置居室，也能在修行中獲得紫色能量的幫助。

第三節

運用開運物，啓動好運勢

人生在世，每個人都有自己的夢想，除了要靠自己認眞努力把握時機之外，當然也希望天外飛來一筆，可以事半功倍、輕鬆地心想事成。學生希望名列前茅、未婚人士希望覓得良緣，男人希望事業成功財源廣進、女人青春永駐魅力無限、老婆希望先生終身囚禁不得劈腿、老年人希望身體健康、延年益壽等等。人因夢想而偉大，人也因有夢想讓自己的人生多采多姿。

提升工作與事業運的催運法

在景氣不佳的前提下，很多人的工作瀕臨危機，或是缺乏工作機會，也有些人索性自己創業當個體戶。工作和事業都是生財之道，沒有機會或管道，別說是飛黃騰達，連衣食無憂都會是個問題。機會的給予除了自己本身的專業素養足夠，具備競爭力可在外拚搏之外，也可以從三個地方獲得機會：一是本身的運勢，這就是所謂的時勢造英雄。人生雖漫長，但關鍵只有幾年，生命的軌跡往往會在人不自知時，給予關鍵性的轉變，是往上走或往下流，只有在事過境遷之後，才能知道好壞吉凶。

另一種機會的來源，是明知道目前處於彈盡援絕的凶險環境，卻憑著堅強的意志力殺出一條血路，在自己做好準備的前提下，善於運用陽宅風水創造機會，讓自己事半功倍。

曾有一位讀者來信，說他在學校成績永遠是倒數第一名，又遭同學排擠，出了社會以後打了幾次工，但是都得不到老闆的喜愛，和同事間也相處得極不融洽，最後失業在家中每天看布袋戲。他一直埋怨是自己的命不好、名字不好、八字不好、家裡風水不好，以致於讓他身處絕境，無法出人頭地賺大錢。

性格決定命運，這位讀者是標準的「怨天尤人」型，他總是埋怨自己的不良際遇是源於一切不良的先後天條件，因此所有的挫折、困頓、失誤、失敗，都不是「他」的因素。因此，他問我有沒有可以改變他，讓他發財的方法或法術，我直接告訴他，這世上沒有不勞而獲的方法，每個人都想賺大錢擁有權力和地位，但是不管具有專業與否，想要獲得天助的先決條件是：學習、反省和堅持，如果不思己過，不努力學習應有的技藝，同時耐力和持續性又不佳，我想任何人都可以大師之姿，斷論他此生風雨飄零難以成功。

獲得天助的方法有很多種，例如運用陽宅風水是一種，另一種則是透過宗教神祇的力量獲得幫助，請注意！宗教的力量不僅僅是心靈的撫慰而已，在道教的一些法術中，透過陰陽調和的方式，也能發揮化無形轉爲有形的實質幫助，有興趣的人可以參考春光出版社的《這樣拜才有效》，裡面有詳細的方法介紹。

如果要從陽宅中提取有助於事業、工作的能量，以下風水布置法將能在你備足基本技能之後，及時有效地助你一臂之力。

找到好的工作機會，並獲得重用的布置法

布置法1 在家中南方、或是房間南方，擺放電視或抽象畫

待業或失業的人想要得到工作的機會，或是上班族想獲得上司的賞識，就必須提升自我的能量和強化人際關係。可以在家中的南方、或房間中的南方擺放電視、抽象畫（紅、綠爲主）。如果該地方有窗戶就應該經常打開，讓陽光透射進來清除家中不良滯氣。

布置法2 在家中南方擺放紫水晶洞，並將洞口朝南

此外，也可以將紫水晶洞擺放在室內南方位上，洞口朝南，吸收南方吉氣以增加工作機會。

紫水晶洞要記得每隔兩三天就用水噴一次，每隔一個月用檀香油淨化以除舊布新。如果覺得紫水晶洞太貴，一時預算不足，也可以先用瑪瑙擋著先（就是店裡賣的一顆瑪瑙石剖成一半，一半可以當蓋子那種），雖然威力沒有紫水晶

洞大，但仍有一定效力，等到預算充裕一點時，就可以換紫晶洞使用，而換下的瑪瑙一樣可以放在該位置繼續使用。

▼可在職場上發揮實力、加薪升職的布置法

升職加薪是一種辦公室內彼此良性競爭的戰事，除了本身的專業受肯定外，敦親睦鄰展現親和力、領導能力也是很重要的條件。

我有位老同事，在原單位服務了十多年，在其他同事眼中他不僅資歷深，而且樂於幫助他人、提攜後進。但不知爲何，他的後進後來大多跟他平起平坐，或是成爲他的長官，眼看還剩幾年就要退休了，雖然他不說什麼，心裡總難免遺憾。我跟這位老同事的太太也是舊識，她跟我說了這事，於是我建議她用以下的布置法試試看：

布置法　在家中西北方、或是房間西北方，放一塊圓形或方形鏡子

在家中的西北方、臥室的西北方、或流年九星中的「六白位置」（二〇一〇

年至二〇一四年的六白吉方位，請參閱第三章第151頁），放一塊圓形或方形的鏡子。

西北方在八卦中屬於「乾」位，代表領導、突顯、權力。因此，除了放鏡子以象徵光明亮潔之外，這個位置也必須經常性地保持乾淨。

上述的老同事家中的西北方正好是他家的廚房位置，廚房性質屬火，也代表聚財位置，但因爲在西北方形成「火剋金」的格局，產生被壓制的現象。於是我建議他將廚房的色系改爲黃色，以黃色的土來洩火氣，以提升金的能量。巧的是一切就緒後，老同事的女主管竟因桃色事件上了媒體，隨後被外調他處，主管一職懸缺，經過高層會議後竟就由老同事頂上了。

很多事情的結果往往是很多原因累積出來的，針對這件事我也曾經思考過，如果不是他的女老闆發生不倫事件，我的老同事就不會有升職的機會，但如果他的女老闆一直謹守份際，我的老同事又該如何因爲得運而升職？結果往往只有一個，但是原因卻有千百萬種，人家說老實不蝕本，天威難測，還是腳踏實地做人才不會被老天拉下來。

▼想跳槽更好工作的布置法

布置法 在家中東北方、或是房間東北方，擺放書櫃或陶瓷藝品

想換更好的跑道，可以在家中東北方、房間東北方、或流年八白星的位置（二〇一〇年至二〇一四年的八白吉方位，請參閱第三章第152頁）擺放書櫃或陶瓷類的藝品，其中又以紅色、黃色的大肚瓶爲佳。

東北在八卦中屬「艮」位，五行屬土，在九星中爲「左輔星」，鎭守財庫，利於文職。古人說書中自有黃金屋，說的雖然是強調知識即是寶藏，但是在陽宅的理氣法中，卻可以將這一句話假借爲屋內氣場調氣之用，擺上書櫃就是這個道理。

書櫃裡的藏書可以擺一些專業書、理財書、勵志書等等，我的朋友還會去收集一些企業名人的照片，把他們放在書櫃裡。若以增加貴氣和自我激勵的角度來說，也算是很有創意的一種作法。

另外，放置「口小瓶身大」的陶瓷器也有一些小竅門。首先，拿一些五十元

的硬幣放在陶器裡面，如果有拜拜的習慣，可以在三官大帝壽誕時（天官、地官、水官三官大帝的誕辰分別是農曆正月十五日、七月十五日、十月十五日）去買天庫錢、地庫錢和水庫錢前往祝壽，然後擲筊經三官大帝同意，從中各拿一張庫錢拿回家中，置放在陶器內，如此便可獲得很好的效果。我有位朋友用這個方法獲得更高報酬的工作，從此每逢三官大帝壽誕時，必定準時前往參拜祈福樂此不疲。

▼提升業績、創造更高利潤的布置法

布置法　在家中北方，放置常坐的沙發或椅子

若想挽回死氣沉沉的業績狀況，或想好上加好再創高峰，在屋宅的能量運用中，可在家中北方或流年一白吉星的位置（二〇一〇年至二〇一四年的一白吉方位，請參閱第三章第150頁）擺一張經常會坐的椅子或沙發，並鋪上土黃色的墊子，閒來沒事就坐在位置上閉目養神。

千萬別小看這貌不驚人的小動作，對未來的業績提升可是有很大幫助的。原

因是北方的能量被人所吸收，可使整個人看起來精神抖擻，也會增加他人對你的信任好感，如此一來業績自然相對提升。

另外一種方法，則是運用天珠的特有能量，使工作業務能有好的表現。

有一種天珠叫做「寶瓶天珠」，相傳密宗喇嘛在製作這種天珠時，特地加持了工作事業能量在其中，而寶瓶天珠也稱爲「財寶天珠」，密宗佛教在做這些世間法時，往往利用持咒改變既有氣場能量，因此手上如果有寶瓶天珠，不妨平時帶在身上，回到家以後把天珠放在家中或房間的北方位置養珠，慢慢地便能改變自己身體的能量，讓業績問題迎刃而解。

加強戀愛運的催運法

陽宅風水中的桃花催運法有很多種，這裡舉出一種年年適用的方法，讓沒對象想找對象的、有對象想早日修成正果的，都可以如願以償。不過戀愛是瘋狂的結婚是盲目的，當愛情來敲門時，可別一時性急沸血衝腦，忘了看看門外的人，是入幕嘉賓還是披著羊皮的狼。

▼招引桃花布置法

布置法　在個人桃花位上插紅色系鮮花

一般的桃花催運法，都是將鮮花插在桃花位爲主，因此花器就成了製造桃花運的基本配備，也就是說，工欲善其事必先利其器，先找到屬於自己的本命桃花瓶，才能有成功的開始。

本命桃花瓶

生肖	本命桃花瓶色系
猴、鼠、龍	白色、金色、銀色
虎、馬、狗	青色、綠色
蛇、雞、牛	紅色、橙色、紫色
豬、兔、羊	藍色、黑色

花瓶不分材質，只是必須依照自己的生肖選擇花瓶的顏色，選擇的花材也應以紅色系花朵爲主。

找到你的本命桃花瓶之後，就要開始找你的桃花位了。桃花位有兩種，一種是「本命桃花位」，一種是「流年桃花位」。「本命桃花位」就好像一棵桃花樹，先看這棵樹長得好不好，長得好就桃花繽紛，長得不好就乏人問津；「流年桃花位」就像時間到了，桃樹卻沒開花，所以就用流年桃花位催旺，讓它一樹桃花千朵紅。

本命桃花位

生肖	本命桃花位
猴、鼠、龍	西方
虎、馬、狗	東方
蛇、雞、牛	南方
豬、兔、羊	北方

附帶一提，另外還有一種家宅的「固定桃花位」，第三章中提到過，西北方是人際關係位置，也是固定桃花位，這個地方不用擺花材，建議用精油薰香，可以選擇玫瑰、薰衣草、紫羅蘭等精油。

如果「個人桃花位」已經布置好，接著就是找出「流年桃花位」加速催運了。

「流年桃花位」又稱爲「天喜位」，它是根據每一年的「天干」來決定「天喜位」的位置。例如二〇一〇年是「庚寅」虎年，「庚」就是天干，二〇一一年是「辛卯」兔年，「辛」就是天干，二〇一二年是「壬辰」龍年，「壬」就是天干，以此類推。當然，如果你怕搞錯而催錯方位，可以參考每年的農民曆，便可萬無一失順利催運。

流年桃花位（天喜位）

流年天干	流年桃花位
甲、乙	北方
丙、丁	東方
戊、己	南方
庚、辛	西南方
壬、癸	西方

以下介紹幾個運用「流年桃花位」催運的方法：

▼讓暗戀變成公開戀情的布置法

布置法 在房間東南方擺置鮮花，或用精油薰香。

▼主動告白成功的布置法

布置法 在房間西方或流年運星七赤星位置，擺一隻金屬馬或猴子，或是插花都可以增加勇氣提振士氣。

年次	七赤星位置
二〇一〇年	東南方
二〇一一年	中央
二〇一二年	西北方
二〇一三年	西方
二〇一四年	東北方

▼不想讓戀情曝光的布置法

布置法 在家中北方或流年一白星的位置，放一張黑色的桌子，或是安一盞燈光柔和的檯燈。

年次	一白星位置
二〇一〇年	西方
二〇一一年	東北
二〇一二年	南方
二〇一三年	北方
二〇一四年	西南方

狂增財運的陽宅理氣法

財爲養命之源，大家辛苦布置居家風水，不外乎就是爲了廣增財富。所謂人爲財死鳥爲食亡，又說人爭一毛錢佛爭半炷香，只要是有利於讓自己的存摺數字節節攀升，在合法的範圍內是一定要勇於爭取的。

以前師父就說：有錢不賺三分罪，販賣自己的專業收取合理的報酬，原本就是天經地義的事情，要想從陽宅風水中獲取財運能量的先決條件，就是要先問自己準備功夫到位了嗎？是否具備了理性的積極進取心？如果都有了這些條件，卻一直無法得心應手賺到應得的財富，這時就可以借助陽宅風水推波助瀾一下，要知道，所有財富的取得都是靠自己的意志力，自然界的能量只是臨門一腳，幫你往上頂一下。

加強投資運的布置法

布置法 在家中西北方或流年六白星的位置，放音響或電腦。

對於一向熱心有餘、財運不足的人，我會建議他在家中的西北方或流年六白星的位置，擺放金屬製品或音響或電腦。

然後在西方或北方掛上一面鏡子，照亮西北方的位置。當然此處也可以擺設魚缸，藉著水光產生財運能量波。而魚的大小則不拘，數量以奇數爲佳。

如果不想放閒錢，想以房地產、股票增加財富的人，可以在家中東北方或流年八白吉星的位置，擺設有重量感的櫥櫃，顏色以黃、咖啡、紅色、茶色爲佳。

雖然只是簡單幾個動作，卻是對未來的財運，以及在理財的判斷力上有很大的幫助。

年次	六吉星位置
二〇一〇年	東方
二〇一一年	東南方
二〇一二年	中央
二〇一三年	西北方
二〇一四年	西方

年次	八吉星位置
二〇一〇年	中央
二〇一一年	西北方
二〇一二年	西方
二〇一三年	東北方
二〇一四年	南方

蔡太太是我因工作而結識的朋友，她平時以房地產投資客的收入補貼家用，也就是一般戲稱的「房地產菜籃族」，只要有點賺頭馬上脱手走人，幾年下來也攢積了不少財富。但不知何時開始，她的策略受到了老天的破壞，買進的房子不是下水道不通就是牆壁漏水，使得她的資金差點全賠在修補費上。那段時間蔡太太好像還命犯白虎（官非），買家幾乎都是不好惹的餓虎，不是找麻煩退訂金、就是以蓄意詐欺一狀告上法院。

那段時間的她從雍容華貴的蔡太太變成蓬頭垢面的「菜太太」，她自己也不知道曾幾何時，引以自豪的專業房地產買賣技能，差點讓她變成百禍叢生的斷頭戶。她笑稱大概是以前虧心事做太多，但是看過她家的房子之後，才發現她把洗衣機放在她家的東北方，另外還隔了一間小房間給外勞住。

向蔡太太說明原因之後，她才恍然大悟地說，她的惡夢就是從家裡裝修開始的。於是我建議她在東北方布好財位，同時也把家裡的天心位重新引進。小忙了一陣子之後，慢慢地她又開始活躍在她的菜籃族投資客領域中，妙的是買家竟然自動撤回告訴，蔡太太為了息事寧人便跟著和解，此事就如一場惡夢一般醒來無蹤。

現在的蔡太太雖然繼續從事她的房地產生意，但也成了走靈山拜拜的常客。她說現在年紀大了，她不想留太多財富給她的孩子，她想要透過她的虔誠，留給孩子們享之不盡的福蔭。

增加外快的布置法

受到景氣影響，很多人爲了增加收入，也開始利用多餘的時間找尋第二份工作。在陽宅風水催財法中，也有一種增加外快的補運方式：

布置法

在家中北方或是流年一白星的位置，擺放鵝、鴨、豬等造型的藝品，或是將冰箱、酒櫃、飲水機擺到這地方來，如果家中沒有名酒或酒櫃，擺一張名酒的照片也是可行之道。

年次	二〇一〇年	二〇一一年	二〇一二年	二〇一三年	二〇一四年
一白星位置	西方	東北	南方	北方	西南方

我的小學同學自從家中的西餐廳發生火災之後，家裡的經濟頓時陷入困境，幸運的是，他並不因十幾年的店付之一炬而垂頭喪氣，沒多久他就去另一位同學家的糕餅店當夥計，但所得實在不足以養家活口，於是他每天早上

兼了一份送羊奶的工作，想利用閒暇時間多賺點外快。

聽到他的狀況真有點讓人辛酸，除了生活費還要負擔媽媽的住院費，但他一直保持著樂觀的天性，雖然筋疲力盡他依然沒有怨言。我讓他用上述的方法把家裡稍微做一下改變，剛開始他還不置可否，但擺了一周後新鮮事就來了，羊奶公司的老闆看他做事賣力，要他晚上去幫他做貨倉員，薪水翻了一倍，開糕餅店的同學也在同一時間窮途思變，想在網路上做行銷，於是找他合作。這麼一來他就有足夠的時間身兼二職，還可以忙裡偷閒養精蓄銳，在他的努力下，薪資提高也解決他的燃眉之急。所以說，自助而後天助，改變風水或許有效，但更重要的是那一點不落人後的心思。

促進人際關係、增加人脈產值的催運法

在現代的工商業社會中，人脈就是錢脈這是大家都知道的事實，因此人際學上說：「人脈的經營也是一種經商之道」。

在陽宅風水學中，亦能提供另一個角度爲你增加人際關係。簡單來說，就是把東一個、西一個喜歡你的人，一次性的集中到你的生活周遭，你不見得要改變自己，卻可藉由風水的原理，改變你的環境，這就是「把對的人擺在對的環境中」的道理。就像魚一樣，給魚再金碧輝煌的籠子也沒有用，不如放回大海才能讓魚活得自在優游。

增強人氣的布置法

布置法 **在家中西方或流年七白星的位置，放音響或電腦。**

想要獲得人際上的支持，或是改善別人對你的印象，在陽宅催運法中，可以在家中的西方或是流年七赤星的位置安床位，或是增加燈飾以明亮度照耀自己的人際磁場。

年次	七赤星位置
二〇一〇年	東南方
二〇一一年	中央
二〇一二年	西北方
二〇一三年	西方
二〇一四年	東北方

▼維持家庭和諧的布置法

人際關係不僅止於外面的社會環境，也包含家庭內部的和諧，妻賢子孝老公盡責不偷腥等等，都是維繫家庭和諧的重要關鍵。所以說，家和萬事興，在家庭中善盡自己的家庭角色，也是促進和諧關係的方案之一。

布置法 **在家中西南方或流年二黑星的位置，擺放桌椅重物或常綠植物。**

二黑星是「巨門星」，這是一顆口舌是非星，也是病符星。因此，可以在家中的西南方或流年二黑星的位置擺放桌椅或是常綠室內植物。「巨門星」用重物或植物鎮壓住，有破煞解厄的功能。

年　次	二〇一〇年	二〇一一年	二〇一二年	二〇一三年	二〇一四年
二黑星位置	東北方	南方	北方	西南方	東方

國家圖書館出版品預行編目資料

越住越有錢——把住家打造成聚寶盆的風水改造法
／王品豊著 . -- 初版 .-- 臺北市：春光出版：家庭傳
媒城邦分公司發行, 2010（民99）
面；　公分

ISBN 978-986-120-268-6（平裝）

1. 相宅

294.1　　　　99015842

越住越有錢（全新封面版）

——把住家打造成聚寶盆的風水改造法

作　　者／王品豊
企劃選書人／劉毓玫
責任編輯／劉毓玫

版權行政暨數位業務專員／陳玉鈴
資深版權專員／許儀盈
行銷企劃／周丹蘋
業務主任／范光杰
行銷業務經理／李振東
副總編輯／王雪莉
發 行 人／何飛鵬
法律顧問／元禾法律事務所　王子文律師
出　　版／春光出版
台北市104中山區民生東路二段 141 號 8 樓
電話：(02) 2500-7008　傳真：(02) 2502-7676
部落格：http://stareast.pixnet.net/blog
E-mail：stareast_service@cite.com.tw
發　　行／英屬蓋曼群島商家庭傳媒股份有限公司城邦分公司
台北市中山區民生東路二段 141 號 11 樓
書虫客服服務專線：(02) 2500-7718 / (02) 2500-7719
24小時傳真服務：(02) 2500-1990 / (02) 2500-1991
讀者服務信箱E-mail: service@readingclub.com.tw
服務時間：週一至週五上午9:30～12:00，下午13:30～17:00
劃撥帳號：19863813　戶名：書虫股份有限公司
城邦讀書花園網址：www.cite.com.tw
香港發行所／城邦（香港）出版集團有限公司
香港灣仔駱克道 193 號東超商業中心 1 樓
電話：(852) 2508-6231　傳眞：(852) 2578-9337
E-mail : hkcite@biznetvigator.com
馬新發行所／城邦（馬新）出版集團【Cite(M)Sdn. Bhd.(458372U)】
11, Jalan 30D/146, Desa Tasik,
Sungai Besi, 57000 Kuala Lumpur, Malaysia.

封面設計／黃聖文
內頁排版／浩瀚電腦排版股份有限公司
印　　刷／高典印刷有限公司

■ 2010 年（民 99）9 月 7 日初版
■ 2023 年（民 112）6 月 1 日三版1.6刷
Printed in Taiwan

售價／260元

城邦讀書花園
www.cite.com.tw

ISBN　978-986-120-268-6
EAN　471-770-2902-91-9

廣　告　回　函
北區郵政管理登記證
台北廣字第000791號
郵資已付，免貼郵票

104台北市民生東路二段141號11樓

英屬蓋曼群島商家庭傳媒股份有限公司
城邦分公司

請沿虛線對折，謝謝！

遇見春光・生命從此神采飛揚

春光出版

書號：	OC0055X	書名：	越住越有錢（全新封面版） ——把住家打造成聚寶盆的風水改造法

請於此處用膠水黏貼

春光出版

讀者回函卡

謝謝您購買春光出版的書籍！我們誠摯地希望能了解您對命理書的需求和想法！如果您能寫下您「想要閱讀的命理書類型」或是「對於拜拜的疑問」或是「想了解的民俗問題」等等，將非常有助於我們改進，並激勵我們做出更讓您滿意的書籍！謝謝您。

姓名：＿＿＿＿＿＿＿＿ 性別：□男 □女

生日：西元＿＿＿＿年＿＿＿＿月＿＿＿＿日

地址：＿＿＿＿＿＿＿＿

聯絡電話：＿＿＿＿＿＿＿＿ 傳真：＿＿＿＿＿＿＿＿

E-mail：＿＿＿＿＿＿＿＿

您是否曾買過春光出版的書籍呢？□是 書名：＿＿＿＿＿＿＿＿ □否

您是否曾買過本作者的作品呢？□是 □否

請於此處用膠水黏貼